로버트 풀턴: 만들기를 좋아한 아이
발행일 2015년 12월 15일
지은이 마거릿 헨리 • 그림 로렌스 드레서 • 옮긴이 오소희
편집 이윤숙 • 디자인 안성현 알리사
발행처 리빙북 경기도 군포시 오금로 34 380-1504
전화 070-7883-3393 팩스 031-943-1674
이메일 livingbook.kr@hanmail.net
은행계좌 국민은행(예금주:리빙북) 639001-01-609599
출판등록 제399-2013-000031호
이 책의 내용을 사용하실 분은 출판사의 허가를 받으시기 바랍니다.
책값은 뒤표지에 있습니다
© 1945, Marguerite Henry
© 2015, Living Book
ISBN 978-89-92917-582
      978-89-92917-537 (세트)

livingbook.kr

로버트 풀턴
만들기를 좋아한 아이

마거릿 헨리 지음
로렌스 드레서 그림
오소희 옮김

차례

1. 대장장이가 되고 싶은 아이   ...11
   촛대 만들기   ...17
   선물로 받은 동전   ...20

2. 식탁에 둘러 앉아   ...23
   즉석 푸딩 만들기   ...27
   새 촛대   ...31

3. 학교 갈 준비   ...34
   구즈푸트 메이플 나무를 찾아   ...38

4. 퀘이커 학교   ...44
   질문과 대답   ...48
   자작나무 회초리   ...50

5. 그림   ...55
   다섯 아이들이 잠자리에 들다   ...65

6. 코네스토가 시냇가에서 ...67
　　이상한 검은 바위 ...69
　　또 지각 ...74

7. 안드레 소령 ...79
　　구슬을 맞춰라! ...82

8. 물감 상자 ...88
　　"깜찍한 마틸다!" ...90
　　이상한 낚시 여행 ...94

9. 나라를 위해서 ...100
　　외부인 출입 금지 ...101
　　새로 온 수습공 ...105

10. 불꽃놀이 ...110
　　집회소 문에 붙은 공고문 ...113
　　불꽃놀이 ...119

11. 낚시 가는 날 ...122
　　끝없는 집안일! ...124
　　낚시 ...128

12. 물살을 거슬러 올라가기 ...131
　　밥의 질문 ...138
　　인디언 무당 ...140

13. 패들 보트 ...143

14. 벤자민 프랭클린을 만나다 ...153
　　벤자민 프랭클린을 만나다 ...156

15. 풀턴의 증기선 ...164
　　나라를 하나로 묶다 ...170

　　여러분, 기억하나요? ...178
　　로버트 풀턴이 살던 시절 ...179

1
대장장이가 되고 싶은 아이

 1773년 10월이었다. 그러나 펜실베니아 주 랭카스터는 정오의 햇볕이 쨍쨍 내리쬐어, 마치 7월 중순 같이 더웠다. 하지만 빨간색, 노란색, 갈색의 나뭇잎들이 이미 가을이 되었음을 알려주었다.

일곱 살 난 밥 풀턴은 서둘러서 대장간으로 갔다. 그곳에서 무슨 일이 벌어지고 있는지 알고 싶었다.

커다란 입구에 선 그는 매우 작아 보였다. 그러나 그의

밥: 로버트의 애칭

포부는 컸다. 자기가 대장장이고, 그 가게가 자기 것인 양 생각했다. 정말 그런 가게를 갖고 싶었다.

이제부터 재미있을 것이다. 가게는 매우 분주했다. 대장간 앞에 묶여 있는 암말이 발을 차며 순서를 기다리고 있었다. 안에 들어가보니 양철 물품을 파는 상인이 문간 옆

그 소는 천장에 매달려 있었다.

에 있는 의자에 앉아 코를 골고 있었다. 그의 앞에는 양철 냄비와 솥 몇 개가 차곡차곡 쌓여 있었다. 소 우리에는 소가 있었다. 갈색과 흰 점이 있는 큰 소였다. 그 소는 천장의 줄에 묶여 있었다. 걱정된 표정을 보니 불안해하

는 것 같았다. 곧 자신이 공중에 들어올려진다는 걸 아는 것 같았다.

소의 한 발에 발굽을 붙이는 동안 넘어질까 봐 천장의 줄에 묶어 놓은 것이다. 자기는 두 발로 서서 걸어다니는데, 세 발을 가지고도 제대로 서지 못한다니, 밥은 참 우습다고 생각했다.

그는 자신이 소처럼 무겁지 않아서 다행이라고 생각했다. 그렇지 않으면 어머니나 누나들이 그의 발에 신을 신겨줄 때 천장에 매달려 있어야 할 테니 말이다!

그는 혼자서 웃었다. 그때 갑자기 무쇠 촛대가 떠올랐다. 오늘은 어머니 생신이다. 그러니 그 촛대를 완성해야 한다.

그는 재빨리 소가죽으로 만든 앞치마가 걸려있는 곳으로 갔다. 그것을 내려 몸에 둘렀다. 새 앞치마가 서서히 더러워지기 시작했다. 벌써 검은 점들이 묻었고 윤활유 기름방울이 튀었다. 얼마 있으면 작은 앞치마지만 총 만드는 건 스미스의 앞치마 처럼 보일 것이다.

건 스미스는 쇳조각을 고르느라 바빴다. 그러느라 어

건 스미스: Gun smith 총 만드는 대장장이

린 소년이 들어오는 가벼운 발걸음 소리를 듣지 못했다.

"저 왔어요, 스미스 아저씨!" 밥이 소리쳤다.

이제 건 스미스가 돌아보았다. 그가 입을 크게 벌리고 미소를 짓자, 이 두 개가 빠진 자리에 까만 구멍이 보였다.

"아, 너로구나!" 그가 껄껄 웃었다. "마침 잘 왔다. 총알과 새 총을 만들어야 하는데, 나를 도와줄 영리한 소년이 필요했거든! 하지만 먼저 소와 암말의 구두를 만들어야 해."

"알겠습니다!" 밥이 대답했다. "풀무를 펌프질 하려면 힘센 소년이 필요하죠. 그렇지 않으면 불이 뜨겁게 달구어지지 않으니까요."

대장장이 매서 스미스 씨가 웃었다. 웃음소리가 불이 타는 소리와 무쇠를 때리는 소리와 한데 울려 퍼졌다.

"넌 일곱 살이지만, 어른 못지 않게 영리해." 그가 말했다.

밥은 굴뚝 뒤로 달려가 벽돌을 몇 개 쌓았다. 그리고 그 벽돌 위에 서서 풀무를 펌프질 하는 기다란 나무 손잡이를 잡았다. 올렸다 내렸다, 올렸다 내렸다, 그가 펌프질을

풀무: 불을 피울 때 바람을 일으키는 기구

하자 윙--- 윙--- 소리가 크게 울렸다. 낮잠 자는 상인의 코 고는 소리보다 더 크게 들렸다.

그는 펌프질을 하며 자신의 근육을 쳐다보았다. 날이면 날마다 그는 대장장이 아저씨처럼 근육이 크고 단단했으면 하고 바랐다. 하지만 근육은 조금씩만 커지는 게 분명했다.

이제 그는 굴뚝 주변을 유심히 보았다. 매서 스미스는 만족한 듯이 보였다. 그는 화덕의 석탄더미에서 뜨겁게 달궈진 빨간 쇠를 집어 올렸다. 그 즉시 망치가 모루를 두들기는 소리가 쩌렁쩌렁 울렸.

밥은 벽돌에서 내려가자, 곧 바닥을 쓸어야 한다는 것을 깨달았다. 부서진 못, 쇳조각, 버리는 말굽 등이 곳곳에 널브러져 있었다.

그는 망치가 모루를 때리는 리듬에 맞추어 비를 들고 쓸었다. 소 우리 주변도 쓸었다. 리듬에 맞추어 쓸어내니 즐거웠다.

마침내 소 발굽이 완성되자, 대장장이는 그것을 찬물에 던져 넣었다. 그러자 쉬익- 소리가 났다. 그 소리에 상인

모루: 달군 쇠를 올려놓고 두들기는 쇠 받침대

이 번쩍 고개를 들었다.

"뱀이다!" 그가 소리쳤다. 그는 겁에 질려 눈을 크게 뜨고 굴렸다. 그는 너무 당황한 바람에 발치에 놓여있던 양철 냄비에 걸려 앞으로 납작하게 넘어져 버렸다. 케이크를 굽는 팬, 쿠키를 자르는 커터, 국자, 컵 등이 데굴데굴 굴러서 구석으로 달아났다.

"뱀 소리가 아냐." 대장장이가 요란하게 웃으며 허벅지를 철썩 내리쳤다. "소 발굽이 '쉬익' 하는 소리라구!"

상인도 웃겼던 모양이다. 그가 얼마나 웃었던지 조끼 단추가 마치 물 위를 떠가는 오리처럼 불룩거렸다.

밥도 같이 웃었다. 그가 할 수 있는 일이라고는 상인의 양철 물건을 주워 모으는 일뿐이었다.

"몹시 바쁜 것 같지만, 혹시 소 발굽 붙이는 것 도와줄 수 있겠니?" 대장장이 아저씨가 눈을 반짝이며 밥에게 물었다. 그는 밥이 그 일을 제일 좋아하는 걸 알고 있었다.

밥은 번개처럼 마지막 쿠키 커터를 찾아서 주워 담았다. 그리고 마치 자기가 매우 중요한 사람이라도 된 듯 크랭크로 가서 바퀴를 돌렸다. 끼익 끼익- 바퀴가 소리를 냈다. 그러면서 서서히 돌아갔다. 소를 매단 밧줄이 움직였다. 그러자 소의 거대한 몸집이 위로 들리면서 작은 발을 들었다. 소는 마치 고양이처럼 힘없이 공중에 매달려 있었다.

"소를 들어 올리려면 어린 소년 힘으로는 안 되는데!" 대장장이가 윙크를 했다. "랭카스터에서 소만큼 힘이 센 소년은 밥 말고는 없을 거야!"

밥 풀턴은 두 발을 널찍하게 벌린 채 서 있었다. 그는 자신이 소 보다 더 힘이 센 것처럼 느껴졌다.

촛대 만들기

다른 날 같으면 밥은 건 스미스가 소 발굽 붙이는 모습을 구경했을 것이다. 소의 갈라진 발굽 하나에 쇠로 만든 작은 발굽 두 개를 붙였다. 그러나 오늘 밥에게는 중요한 일이 있었다.

그는 창가 옆에 있는 벤치에서 쇠 막대기를 가져왔다. 15센티 길이의 그 막대기는 이제 거의 촛대 모양이 되어 가고 있었다.

"한 번만 더 달궈서 모양을 만들면 되겠어. 그러면 이보다 더 훌륭한 촛대는 아무데도 없을 거다!" 매서 스미스 씨가 고개를 끄덕였다. "그렇지만 촛대를 만들기 전에 못을 많이 만들어야 해."

밥은 실망한 표정을 보이지 않으려고 했다. 그는 초조하게 해를 바라보았다. 해는 아직 하늘 높이 떠 있었다. 못을 다 만들고도 촛대를 완성할 시간이 있을 것 같았다. 그는 쇠꼬챙이 대 여섯 개를 불이 이글거리는 풀무에 집어 넣었다. 쥐꼬리만한 그 쇠꼬챙이들은 순식간에 달아 올랐다. 그러자 곧 그것들을 두들겨서, 끄트머리가 네모난 못을 만들었다.

그가 못 백 개를 만들어 작은 통에 담자, 대장장이가 어깨에 손을 얹었다.

"네 촛대를 화덕에 넣었다." 그가 친절하게 말했다. "못은 그만하면 충분해."

밥의 작은 손이 흥분해서 떨렸다. 그는 쇠로 된 부젓가락을 집었다. 그리고 조심스럽게 그 가느다란 연장을 불 안쪽으로 밀어 넣었다. 이제 그 대장장이 아저씨가 그를 위해 풀무를 펌프질 하고 있었다! 그 소년이 올려다보며 미소를 지었다. 대장장이도 미소로 화답했다. 밥은 그 대장장이 아저씨가 세상에서 가장 잘생긴 사람이라고 생각했다. 이가 빠져 버린 까만 구멍조차 친근하고 호감있게 보였다. 비록 밥에게 아버지는 없었지만 대장장이 아저씨와 같이 좋은 친구가 있으면 아무 문제 없었다!

"이제 쇠가 잘 달궈진 것 같아요!" 밥이 크게 소리쳤다.

대장장이는 풀무를 펌프질 하던 것을 멈추었다. 그는 이제 빠르게 움직였다. 그 이글거리는 쇳덩이를 집어 모루

그리고 조심스럽게 그 가느다란 연장을 불 안쪽으로 밀어 넣었다.

위에 놓았다. 왼손의 부젓가락으로 그것을 집고 계속해서 돌렸다. 그리고 동시에 오른손에는 망치를 들고 가볍게 두들기며 모양을 만들었다.

선물로 받은 동전

해가 저물어갔다. 밥은 가죽 앞치마를 벗었다. 그 앞치마는 드디어 대장장이 앞치마처럼 더러워졌다! 석탄의 검정이 가득 묻어 있었다. 그 뿐 아니라 배 부분이 볼록하게 나와 있었다!

밥은 만족한 미소를 지었다. 눈 깜짝할 사이에 그는 어른이 될 것이다! 그러면 돈을 벌 수 있게 된다. 그러면 어머니를 위해서 농장을 사드리고, 여형제들을 위해서 보닛 모자와 케이크를 사줄 것이다. 때때로 어린 아브라함에게도 동전을 줄 것이다. 비록 아브라함은 종종 그를 귀찮게 하는데다, 자기가 모든 일을 다하게 만들긴 하지만.

이제 가게 안은 텅 비었다. 상인은 새로 발굽을 박은 자기 소를 데리고 떠났다. 대장장이만 혼자 남아 계속 일했다.

"이렇게 훌륭한 촛대를 포장할 종이가 없으니 아쉽군." 그가 말했다. "펜실베니아 어디에서도 이렇게 근사한 촛대는 못 봤어."

"포장을 안 해도 엄마는 괜찮다고 하실 거예요. 하지만 제가 말씀드릴 소식이 있어요."

"무슨 소식인데?"

"오늘 저녁은 엄마가 저에게 공부를 가르쳐주시는 마지막 날이에요. 내일이면 저는 칼렙 존슨 씨 학교에 가요. 그러면 늦게야 여기에 올 수 있어요."

"그거야말로 뉴스로군!" 대장장이 아저씨가 심각한 표정으로 턱수염을 쓰다듬었다. 그리고 앞치마 주머니에 손을 넣고 반짝이는 페니 동전 두 개를 꺼냈다.

"자, 이걸 받아라." 그가 자랑스럽게 말했다. "1센트는 코페라스, 1센트는 버밀리언을 살 수 있어. 그러면 학교에서 필요한 잉크를 만들 수 있을 거다."

동전을 두 개나 얻었다! 그는 촛대의 작은 홈에 그것을 넣고 손으로 막았다.

페니: 1센트 동전
코페라스는 까만 물감, 버밀리언은 빨간 물감 재료

"아, 정말 고맙습니다! 엄마가 물감을 어떻게 만드는지 아실 거예요."

"난 검은 색 글씨에 빨간색을 더한 것이 늘 좋았어." 대장장이가 말했다. "내가 사준 잉크로 네가 신사처럼 글을 쓸 수 있게 되었다고 생각하면 난 항상 마음이 흐뭇할 거야."

대장장이는 손을 내밀었다. 밥은 그의 작은 손을 크고도 단단하고 따뜻한 손에 놓았다. 대장장이가 얼마나 단단히 밥의 손을 쥐었던지 그는 눈을 찔끔했다. 그는 그때까지 한 번도 남자 대 남자로서 악수를 한 적이 없었다. 마치 풀무가 화덕불을 달구듯 그의 마음도 훈훈하게 달아올랐다. 어른이 되는 것은 참 신 나는 일이다!

2.
식탁에 둘러 앉아

 밥은 먼지나는 길을 껑충거리며 뛰어 갔다. 곧 자그마한 창문이 있고 안에는 선반들이 있는 가게로 왔다. 창문 위에는 나무 간판이 걸려있었다. 작은 그릇에 숟가락 같은 것이 들어 있는 그림인데, 약을 가루로 만드는 절구였다. 그것은 약방 간판이었다.

밥은 창문 덮개를 두드렸다. 얼굴이 길쭉한 남자가 고개를 내밀었다.

"밥 풀턴이구나!" 그가 미소를 지었다. "무슨 일로 왔지? 뭘 도와 줄까?"

"잉크가 필요해요." 밥이 동전 두 개를 선반 위에 올려 놓으며 말했다. "한 개는 검은 물감, 한 개는 빨간 물감 재료를 주세요."

그는 잠시 사라졌다. 그리고 작은 꾸러미 두 개를 가져

선생님이 서둘러 지나갈 때, 외투자락이 마치 갈라진 제비꼬리처럼 흔들렸다.

와서 창문 밖으로 내주었다. "여기 있다. 최고급품이야."

집으로 걸어가는 밥의 마음은 즐거웠다. 아직도 따끈한 촛대가 그의 외투 안에 감추어져 있었다. 그리고 물감 재료를 싼 꾸러미가 그가 걸을 때마다 주머니 안에서 흔들

거렸다.

　서늘한 바람이 불기 시작했다. 지붕과 헛간 꼭대기에 있는 풍향계가 세게 돌아갔다. 가을의 나뭇잎이 길 위에서 휩쓸려 날아갔다. 돼지는 꽥꽥거리며 우리 안으로 달려갔다. 개들도 자기 집으로 돌아가고 있었다. 너도나도 집으로 가고 있는 것 같았다.

　말들도 질세라 서둘러 걷고 있었다. 부자들의 마차와 가난한 사람들의 말수레가 거친 길을 따라 덜컹거리며 갔다.

　갑자기 밥은 넓고 검은 모자에 검은 외투를 입은 선생님을 발견했다. 그는 몹시 엄하고도 무섭게 보였다!

　밥은 걸음을 늦추었다. 그는 선생님이 지나가도록 길 옆으로 비켜 섰다.

　선생님은 새로 온 학생에게 눈길조차 주지 않았다. 그가 서둘러 지나갈 때, 그의 외투자락이 마치 갈라진 제비꼬리처럼 흔들렸다.

　밥은 몸을 떨었다. 그는 갑자기 더 춥게 느껴졌다. 학교에 가는 것이 좋은 것인지 확신이 서지 않았다.

　마을 시계가 다섯 시를 쳤고, 밥은 집 문의 손잡이를 열고 들어갔다. 그리고 따뜻하고 아늑한 부엌에 들어갔다.

"엄마!" 그가 불렀다. "깜짝 놀랄 선물이 있어요!"

풀턴 부인은 들고 있던 옥수수자루를 내려 놓았다. 페기와 벨리 누누도 감고 있던 실 뭉치를 내려 놓았다. 어린 폴리와 아브라함마저도 고양이 마틸다를 뒤쫓다가 멈추었다. 그들은 모두 밥 주위에 모였다. 밥은 마침내 어머니에게 촛대를 드렸다.

풀턴 부인은 손가락으로 그 가느다란 촛대를 만져보았다. 촛대 바닥에 붙은, 양초가 떨어지는 것을 받아주는 접시를 만져보았다. 그리고 촛대를 뒤집어 거기에 새겨진 글씨를 보았다.

"뭐라고 써 있어?" 아브라함과 폴리가 한꺼번에 물었다.

MOTHER
FROM
R.F.
1773

"'어머니께, R. F. 1773년'이라고 써 있어." 페기와 벨이 합창을 했다.

"R. F. 가 누구야?" 아브라함이 물었다.

밥은 아브라함을 번쩍 들었다. "이 녀석아, 내가 바로 R. F. 야. 누군지 알았어?"

풀턴 부인이 목구멍이 울컥하는 것 같이 보였다. "내 평생……." 그녀가 말했다. "오늘 이 생일을 기억할게. 그런데 밥, 글씨를 어떻게 새겼니?"

밥은 자부심으로 얼굴이 상기되었다. "어느 날 빨간색 머리의 딱따구리를 관찰했어요. 그는 부리를 마치 끌처럼 사용해서 나무를 쪼았어요. 나무를 계속해서 쪼아서 홈이 파질 때까지 말이죠. 그래서 저는 끌을 사용해서 촛대에 글씨를 새겼어요. 그렇게 해서 만든 거예요."

"무쇠를 딱따구리처럼 쪼았구나!" 풀턴 부인이 밥의 머리에 얼굴을 부비며 웃었다.

즉석 푸딩 만들기

아브라함은 발끝으로 서서 난로 위의 뜨거운 냄비를 들여다 보았다. 물이 끓고 있었다.

"엄마!" 그가 소리쳤다. "물이 이제 미소를 짓지 않아요.

이제 크게 웃고 있어요."

"그러면 이제 즉석 푸딩을 만들 때가 되었구나!" 풀턴 부인이 고개를 끄덕였다. "페기, 옥수수 알갱이를 물에 넣어라. 한 번에 몇 개씩만. 벨, 너는 소금을 약간 넣어라. 그리고 밥, 넌 그 푸딩이 걸죽해질 때까지 저어라. 태우면 안 된다."

"나는 뭐해요?" 폴리가 물었다.

"나는 뭐해요?" 아브라함이 물었다.

"너희들은 가서 얼굴과 손을 씻고 와." 어머니가 말했다. "그리고 나서 식탁을 차려라. 나무 그릇, 찻잔, 소금통, 숟가락을 놓으면 돼."

부엌은 분주했다. 모두 다 움직였다. 풀턴 부인과 큰 두 딸은 한 번에 여기저기로 움직였다. 그들은 설탕을 섞고 향료를 푸딩에 넣었다. 지하실로 뛰어가서 우유가 든 병을 가져왔다. 그리고 블랙베리 잎으로 차를 만들었다. 그리고 나서 푸딩이 걸죽하게 되었는지 맛을 보았다. 너무 묽거나 너무 되직해도 안 되었다.

고양이 마틸다까지도 분주했다. 그것은 자기 수염을 반짝반짝 광을 내고 있었다.

밥은 기다란 푸딩 막대기로 푸딩을 계속해서 저었다.

밥은 기다란 푸딩 막대기로 푸딩을 계속해서 저었다. 그는 뜨거운 불에서 될 수 있는 한 멀찌감치 서서 저었다.

풀턴 부인이 웃었다. "그 뜨거운 풀무불은 잘 견디면서, 부엌 난로불은 못 견디는구나!"

그는 푸딩 젓는 것은 여자들이 하는 일이라고 생각했다. 그가 미처 대답하기도 전에 푸딩에 거품이 보글거리기 시작했다.

"엄마!" 아브라함이 소리쳤다. "즉석 푸딩이 웃고 있어요."

"그렇구나, 아브라함. 밥, 냄비를 더 높이 매달아라. 이제 거품이 보글거리니까 즉석 푸딩이 천천히 끓게 해야 한다."

풀턴 부인은 밥에게서 푸딩 막대기를 가져가고 그 대신 납작한 나무 주걱을 주었다.

"오븐에 있는 게 익었는지 확인해. 푸딩은 내가 마저 저을 테니까."

밥은 조심스럽게 묵직한 오븐 문을 열었다. 거기에는 벽돌 위에 통통한 호박이 놓여 있었다. 그것은 익어서 황금빛 갈색을 띠었고, 맛있는 냄새를 풍겼다.

"아, 신 난다!" 아이들 모두 오븐을 들여다보고 감탄했다.

이제 밥은 나무 주걱을 호박 아래에 넣었다. 그는 천천히 그것을 들어, 페기가 내밀고 있는 쟁반 위에 놓았다.

"으음." 밥은 모락모락 오르는 향긋한 냄새를 맡았다.

새 촛대

"식탁에 와서 앉아라!" 풀턴 부인이 불렀다. "페기, 벨, 밥, 폴리, 아브라함! 그런데 벨은 어디 갔니?"

"지하실에 내려갔어요." 아브라함이 말했다. "가서 빨리 오라고 말할까요?"

"조용히 해!" 페기가 속삭였다. "비밀이니까."

곧 벨이 양초 상자를 들고 왔다. 그리고 일반 양초와는 색다른 양초 한 개를 꺼냈다. 엷은 초록색이었다.

폴리가 그것을 보고 손뼉을 쳤다. "엄마, 보세요!" 그녀가 소리쳤다. "아브라함과 제가 베이베리를 땄어요. 페기가 그것을 끓여서 왁스에 섞었고요. 그리고 벨이 심지를

베이베리: bayberry에서 나오는 왁스를 벌집의 왁스와 섞어 초록색 양초를 만들었다.

넣었죠. 예쁘지 않아요? 냄새도 좋지요?"

풀턴 부인은 자랑스럽게 어린아이들을 바라보았다. "나처럼 행복한 엄마는 없을 거야." 그녀가 말했다. "너희처럼 사려 깊은 아이들은 이 세상에 또 없을 것 같아."

"새 촛대에 그것을 꽂아보세요!" 아브라함이 소리쳤. "이 예쁜 초록 양초를 새 촛대에 꽂아요!"

"그래요!" 모두가 소리쳤고 풀턴 부인도 함께 소리쳤다. 폴리가 조심해서 양초를 촛대에 꽂는 동안 모두가 구경을 했다.

"밥, 네가 불을 붙여줄래?"

밥은 양초를 들고 불꽃으로 갔다. 양초에 천천히 불이 붙었다. 그리고 그것을 촛대에 꽂았다. 호박 쟁반 옆에 그것을 놓았다.

촛불을 밝힌 채, 여섯 명은 고개를 숙였다. 그리고 여섯 명이 함께 말했다.

"주님, 우리와 이곳에 함께 계셔요.
그리고 가는 곳마다 우리 사랑을 받아주세요.
주님의 자녀들을 축복해주시고,
주님과 함께 낙원에서 잔치하게 해주세요."

잠시 침묵이 흘렀다.

그리고 풀턴 부인은 호박 줄기를 잡은 채 윗부분을 잘라 접시에 놓았다. 그리고 나서 모두들 구운 호박 속을 숟가락으로 떴다. 향료와 꿀을 넣은 호박이 혀에서 녹아내렸다.

이제 호박 껍데기만 남자 풀턴 부인이 즉석 푸딩을 떠왔다. 페기와 벨은 김이 모락모락 오르는 차를 각 사람의 찻잔에 붓고 설탕을 넣었다. 그리고 푸딩에 우유를 부었다. 이제 모두 다 맛있게 먹었다.

3.
학교 갈 준비

 "들어 봐!" 풀턴 부인이 두 손을 들고 조용히 시켰다. "마을 시계가 종을 치고 있어."

"하나, 둘, 셋, 넷, 다섯, 여섯, 일곱." 모두 함께 소리 내어 세었다.

"아직 일곱 시야!" 폴리가 말했다. "잠자려면 한 시간이나 남았어."

밥은 폴리 못지않게 기분이 좋았다. 그는 벽난로 부분에 있는 식탁에 앉아 물감이 든 꾸러미 두 개를 꺼냈다.

"사탕이야?" 빨간색과 초록색 수정같은 것을 꺼내자 아브라함이 물었다.

"먹는 게 아니야. 넌 푸딩을 잔뜩 먹어 배부르잖아."

아브라함은 두둑한 배를 문지르며 식탁 주위를 뱅글뱅글 돌았다.

밥은 토끼처럼 재빠르게 그 꾸러미에서 재료를 꺼냈다. "잉크를 만들 거야." 그의 까만 눈이 흥분해서 반짝거렸다.

풀턴 부인은 놀라운 듯 수정같은 그 조각들을 바라보았다. "코페라스와 버밀리언 살 돈이 어디서 났니?" 그녀가 물었다.

"대장장이 아저씨가 2센트를 주셨어요."

방안은 갑자기 열기로 가득 찼다. 아이들은 밥 주변에 모여들었다. 풀턴 부인은 굴뚝 옆에 있는 찬장 문을 열었다.

"밥" 그녀가 말하며 작은 상자를 주었다. "여기 잉크를 만들 수 있는 가루가 조금 있어. 아빠가 너를 위해 남겨두신 거야."

"아빠가 나를 위해서 남겨두셨다구요?"

풀턴 부인이 고개를 끄덕였다. "아빠는 네가 글을 잘 쓸 수 있기를 바라셨어. 네가 학교에 가서 좋은 것을 배우기를 원하셨단다."

밥은 생각에 잠긴 채, 잉크 가루에 물을 섞어 그것이 반짝이는 까만 액체가 될 때까지 저었다.

"잉크 가루에 코페라스를 넣어야 하지 않나요?"

"그 가루는 물만 섞으면 돼." 어머니가 대답했다. 선물로 받은 코페라스를 사용하고 싶었던 밥은 실망했으나 내색하지 않았다.

"하지만 언젠가는 그걸 사용할 날이 올 거야. 넌 항상 새로운 방법을 생각해 내잖니."

풀턴 부인은 다시 실잣기 일로 돌아갔다. "내가 실을 잣는 동안 빨간 잉크를 어떻게 만드는지 가르쳐줄게. 폴리와 아브라함, 불에서 실을 멀리 치워라. 페기와 벨리, 뜨게질 감을 벽난로 가까이 와서 하거라. 그래야 잘 보일 테니까.

"이제, 밥. 가서 작은 옹기를 가져와라. 그리고 노란색 아라비아 고무를 한 덩이 넣어. 그러면 물감 색이 잘 보존

아라비아 고무: 단맛을 내는 가루로 음식, 잉크, 물감 등에 사용했다.

되고 색도 곱지."

밥은 이제 신이 났다. 그는 벽에 있는 서랍장에 가서 아라비아 고무를 꺼냈다. 그리고 옹기에 아라비아 고무를 넣었다.

"이제 물을 섞어요?" 그가 물었다.

"그래. 물을 조금 넣어. 한 컵 정도만."

"이제 버밀리언을 사용해요?" 그가 흥분해서 물었다.

"이제 버밀리언을 넣어. 계속 몇 번이고 저어라. 내일 오후까지."

"내일 오후까지 저으라구요!" 밥이 말했다. "그럼 학교에 가지고 갈 수 없을 텐데요."

"괜찮아. 대부분은 까만색 잉크를 사용하니까."

이제 거의 잘 시간이 되었다. 아브라함은 실을 감다가 싫증이 났다. 그는 의자에서 일어나서 마른 옥수수 세 자루로 저글링을 했다. 옥수수 세 자루 모두 식탁 위로 떨어졌다.

그런데 그 중 한 개가 굴러가더니 그만 까만 색 잉크병을 엎질렀다! 그 귀한 잉크가 서서히 사방으로 번져갔다.

심각한 침묵이 흘렀다. 그 안타까운 사건에 풀턴 가족

옥수수 세 자루 모두 식탁 위로 떨어졌다.

모두 충격을 받았다.

밥의 얼굴이 창백해졌다. 그는 입술을 깨물었다. 아브라함의 코를 한 대 갈기고 싶었다. 그러나 그는 어떤 행동도 하지 않았다. 겁에 질려 있는 동생을 때린다고 해도 아무 소용이 없는 일이다. 오히려 그는 어떻게든 다시 까만 색 물감을 만드는 방법을 생각해내야만 했다.

구즈푸트 메이플 나무를 찾아

창문 덮개 사이로 회색빛 새벽 햇살이 스며들어왔다. 밥은 침대에서 일어났다. 그는 조용히 옷을 입었다. 그리고 발뒷꿈치를 들고 다락에서 사다리를 타고 내려갔다. 어머니를 깨우지 않고 문을 열고 나갈 수만 있다면!

잠시 그는 문 앞에 서 있었다. 고양이 마틸다가 그의 다리에 와서 부비며 시끄럽게 털을 부르르 떨었다.

"쉿, 마틸다." 밥이 속삭였다. "이렇게 시끄럽게 소란을 피워야겠어?"

마차가 덜컹거리며 길 앞을 지나갈 때, 밥은 문 빗장을 열고 슬그머니 밖으로 나갔다.

그는 깊이 숨을 들이쉬고 난 뒤 마치 뒤에서 인디언이 추격이라도 하는 듯, 늪지를 향해서 전속력으로 달려갔다. "구즈푸트 메이플 나무껍질이 필요해." 그가 혼잣말을 했다.

구즈푸트 메이플 나무를 찾기는 쉬웠다. 가을 추위에 새빨갛게 물든 잎은 엷은 아침 햇살에도 주홍빛으로 빛났기 때문이다.

밥은 재빨리 한 나무에서 껍질을 벗겼다. 그는 껍질을 한 아름 안고 집으로 왔다.

가족들은 아직 잠을 자고 있었다. 벽난로의 불은 꺼져 있었다. 문소리가 났으나 가족들은 일어나지 않았다.

밥은 발꿈치를 들고 부엌 주변을 어슬렁거렸다. 그는 나무껍질을 불 위에 걸려있는 검은색 냄비에 넣었다. 그런 다음 물을 한 동이 부었다. 그리고 불을 지폈다.

"보고 있으면 끓지 않아." 그가 혼잣말을 했다. "보지 말아야지. 그 대신 빨간색 잉크를 저어야겠어." 그는 빨간색 잉크를 정신없이 저어댔다. 그리고 벽난로로 왔다.

이제 물이 끓는 소리를 내기 시작했다. 그러다가 큰 소리로 웃었다. 그 물은 점점 되직하게 변했다. 아, 이제 보기 좋은 흑갈색으로 변하기 시작했다. 마침내 그는 코페라스를 섞을 수 있게 되었다.

밥의 마음이 너무 분주했던 탓에 어머니가 부엌에 오는 소리를 듣지 못했다.

"밥 풀턴!" 그녀가 불렀다. "넌 잉크를 만들고 있구나. 학교 학생들 모두가 쓰고도 남을 만큼!"

밥이 빙그레 웃었다. "이걸로 글씨를 쓸 수 있을까요?" 그가 초조하게 물었다.

"곧 알게 되겠지."

이제 풀턴 부인도 발뒷꿈치를 들고 걸었다. 다락에서 자고 있는 생기발랄한 아이들을 깨우지 않기 위해서였다.

어머니도 밥만큼이나 흥분한 것 같았다. 그녀는 거위 깃털 펜과 거친 갈색 종이를 가져왔다. 그리고 조심해서 그 종이를 잘랐다.

먼저 그 종이를 두 번 접었다. 그러자 원래 종이의 사분의 일 크기가 되었다. 칼로 접힌 부분을 잘랐다.

그런 뒤 그 종이들을 반으로 접었다. 그리고 또 접어서 원래 크기의 사분의 일이 되게 만들었다. 이제 칼로 사사삭! 접은 부분을 모두 잘랐다.

"아, 엄마!" 밥이 감탄했다. "책처럼 되었어요! 어떻게 그렇게 하셨죠? 종이 한 장으로 여덟 페이지를 만드셨어요!"

"그렇구나."

"그런데 제 잉크를 시험해보지 않으실래요?"

"네 밭에서 인내가 자라게 하거라." 풀턴 부인이 미소를 지었다. "이 종이를 네 번 더 접으면 어떻게 될까?"

밥은 어머니가 이유 없이 일을 시키지 않는다는 것을 알고 있었다. 그래서 그는 접고 또 접은 뒤, 칼로 사사삭! 잘랐다.

"이제 종이 접은 것을 모두 모아 봐." 풀턴 부인이 말했다. 어머니의 머리는 벽난로 옆의 찬장에 가려 거의 보이지 않았다. 그 작은 찬장에는 보물이 한없이 감추어져 있는 것 같았다. 이번에는 풀턴 부인이 벽지 말아놓은 것을 꺼냈다. 종이에는 스케이트를 타는 소년 소녀들의 모습이 희미하게, 마치 꿈에서 보이는 그림처럼 그려져 있었다. 풀턴 부인은 잘라낸 종이들을 그 벽지로 덮어 예쁜 표지를 만들었다. 그런 뒤 표지와 종이를 한데 놓고 실로 꿰맸다.

밥은 초조해서 더 기다릴 수가 없었다. '어머니는 잉크를 시험해보지 않으시려나? 혹시 어머니에게 펜을 드리면 직접 시험해보실지도 모르지.'

그는 커다란 잉크 냄비로 가서 펜을 잉크에 찍었다. 그리고 그것을 어머니에게 드렸다.

This Copybook belongs to Robert Fulton

그녀는 기다리고 있었다는 듯이 펜을 받았다. 그리고 섬

세든 손으로 벽지로 만든 표지에 글씨를 썼다.

로버트 풀턴의 공책

밥이 숨을 멈추었다. "정말 예뻐요!" 그가 작은 소리로 말했다. "잉크가 성공했어요. 진짜로 잉크를 만들었어요!" 그가 웃었다.

잉크는 묘한 색깔이었다. 갈색도 아니고, 검은색도 아니고, 파란색도 아니었다. 그 세 가지를 모두 섞은 색깔이었다. 그러나 밥이 직접 만든 잉크였다. 그리고 밥에게, 그리고 어머니의 눈에, 그보다 더 아름다운 색깔이 없었다.

4.
퀘이커 학교

　　밥은 문간에 와서 섰다. 속이 이상하게 느껴졌다. 어제까지만 해도 세상에서 그 무엇보다도 학교에 가고 싶었으나 오늘은 어쩐지 집이 무척 좋은 곳 같이 느껴졌다. 그는 집을 떠나서 학교에서 그 많은 아이들을 만나고 싶지 않았다.

　아브라함과 자매들은 계속해서 인사를 했다. 그가 돌아보니 모두 다 문앞에서 손을 흔들고 있었다. 어머니도 서 있었다.

　그는 손을 흔들어 보이고 싶었다. 그러나 한 손에는 도시락을 들었고, 다른 손에는 잉크를 담은 뿔과 공책을 들고 있었다.

그는 계속 돌아보며 고개를 끄덕여 보였다. 그러다 나무 뿌리에 걸려 하마터면 도시락과 공책을 떨어트릴 뻔했다.

이제 그는 앞만 보고 걸었다. 학교 종이 울리려면 아직도 한 시간 가까이 남았다. 그러니 천천히 가야겠다. 어쩌면 멀리 돌아가는 것도 재미있을 것 같았다.

그는 주변을 돌아보기 시작했다. 언덕 위에는 새로 이주해 온 스위스 사람이 기다랗게 도랑을 파고 있었다. 저기 올라가서 그 도랑을 왜 파고 있는지 물어봐야겠다.

그 사람은 기꺼이 설명을 해주었다. "나, 한스 홀쩌는." 그가 말했다. "학교에 가본 적이 없어. 하지만 얼마든지 생각을 하고 일을 할 수 있지. 이것 좀 봐. 이 언덕에 도랑을 파면 물이 이쪽으로 흘러들어와. 그러면 곧 한스 홀쩌의 땅이 비옥해지거든."

밥은 물어보고 싶은 질문이 잔뜩 있었다. 도랑을 얼마나 깊이 파야 하는지? 그리고 그곳에 무엇을 심을 것인지? 혹 그 다음에 배를 만들지 않을 건지? 작물을 배에 실어

짐승 뿔의 속을 파서 잉크병이나 화약통 등으로 사용했다.

시장에 나르면 시간이 훨씬 절약이 될 텐데.

한스 홀쩌는 마음씨 좋은 사람이었다. 그는 밥의 질문에 하나하나 대답을 해주었다. 마침내 그는 밥이 안식일에 입는 옷을 가리키며, 그의 나무로 된 도시락 통과 잉크 뿔을 가리켰다.

"이제." 그가 웃었다. "나, 한스 홀쯔가 질문을 하지. 안식일도 아닌데 왜 이렇게 좋은 옷을 차려 입었지?"

밥이 눈을 동그랗게 떴다. "학교에 가려고요!" 그가 갑자기 소리쳤다. "학교에 늦겠어요!"

그는 언덕 아래로 달리며, 휘청거리며 숨이 넘어갈 듯 학교에 도착했다.

학교 문이 닫혀 있었다.

그는 창문 안을 들여다볼 수가 없었다. 창문은 종이로 만들어져 있었기 때문이었다. 그는 앞이 캄캄했다. 아이들은 한 명도 보이지 않았다. 오직 토끼 한 마리가 학교 마당을 가로질러 뛰어와서는 그를 물끄러미 쳐다보았다.

그는 부끄러움을 무릅쓰고 도시락을 내려 놓고 문을 열었다.

  평일에는 작업복을 입고 안식일(일요일)에만 좋은 옷을 입었다.

무서운 퀘이커 선생님이 교실 한가운데 있는 높은 책상에 앉아서 책을 읽고 있었다.

질문과 대답

거위 깃털로 글씨 쓰는 소리가 들렸다. 열두 명 정도 되는 아이들이 공책 위로 머리를 숙이고 있었다. 무서운 퀘이커 선생님이 교실 한가운데 있는 높은 책상에 앉아서 책을 읽고 있었다.

밥은 교실로 들어와 기다렸다. 마침내 선생님이 책을 내려놓았다. 그는 자작나무 회초리 한 묶음을 쥐고 거칠게 책상을 두들겼다.

열두 개의 펜이 끄적거리기를 멈추었다. 열두 명의 얼굴이 밥을 쳐다보았다.

학교 선생님이 책상에서 일어났다. 그는 주머니에서 열쇠를 꺼내어 시계에 태엽을 감기 시작했다. 태엽에서 시끄러운 소리가 났다.

이제 그는 조심스럽게 네모난 안경을 벗었다. 그것을 천천히 안경 케이스 속에 넣었다. 그리고 눈을 밥에게 돌렸다. 눈이 마치 개구리 눈처럼 불거져 나와있었다.

"학생들에게 들리도록 네 이름을 말해라." 그가 차가운

퀘이커: 근면, 검소, 형제애를 중요시하는 기독교 종파

목소리로 말하자 어린 밥의 몸이 부들부들 떨렸다.

"로버트 풀턴입니다." 그가 작은 목소리로 말했다.

"더 크게!"

"알겠습니다!"

"그 전에 배운 것이 있는가?"

"네. 어머니께서 읽고 쓰는 법을 가르쳐주셨습니다. 하지만 더 많은 것을 배우고 싶습니다."

"배우고 싶다면, 왜 학교에 지각을 했지?"

"네, 제가 오늘 아침에 배우느라 그랬습니다."

선생님의 검은 눈썹이 이마 위로 치켜 올라갔다. 그는 자작나무 회초리를 더 세게 쥐었다. "그렇다면 네가 뭘 배웠는지 말을 해봐라."

"네. 한스 홀쩌 씨가 언덕에서 도랑을 파서 물을 끌어대었습니다. 그의 농장이 비옥해질 것입니다."

"이제 그만하면 됐다! 가서 자리에 앉아!" 그는 자작나무 회초리로 비어 있는 벤치를 가리켰다.

오전 시간은 느릿느릿 지나갔다. 통나무 벤치는 점점 더 딱딱하게 느껴졌다. 교실 안 공기는 축축하고 냉랭했다. 선생님은 춥고 피곤한 학생들에게 같은 질문을 계속 반복해서 했다.

"최초의 사람은 누구지?"

"아담입니다." 열두 명의 아이들이 지친 듯, 가느다란 목소리로 열 번 째 대답을 했다.

"최초의 여자는 누구지?" 그가 사정없이 엄격한 음성으로 물었다.

"하와입니다." 아이들은 풀이 죽은 목소리로 대답했다.

"지상에서 가장 온유한 사람은?"

"모세입니다."

"가장 오래 살았던 사람은?"

"므두셀라입니다."

"노아의 홍수는 언제 일어났지?"

"기원전 3850년입니다."

곧 밥은 그 질문에 대한 대답을 다른 아이들만큼 잘 알게 되었다. 그는 딴 생각을 하면서도 동시에 선생님을 쳐다보며 질문에 대답을 할 수 있었다.

자작나무 회초리

마침내 정오의 쉬는 시간이 되었다! 그러나 그것 마저도 실망이었다. 어머니는 도시락에 생강 빵을 넣어주셨는데, 평소에는 그렇게 맛있던 빵이 오늘은 아무 맛도 나지 않았다. 목구멍에 이상한 응어리 같은 것이 턱 버티고 있어서 음식이 제대로 넘어가지 않았다.

점심을 먹고 나자 조금 더 나이가 든 소년들은 밤나무 가지를 꺾어 장난감 총과 호루라기를 만들었다. 그러나 밥은 구경만 할 뿐이었다. 주머니칼을 집에서 입던 옷 주머니에 넣어놓고 안 가져왔던 것이다.

시작 종이 울리자 그는 오히려 더 기뻤다.

그러나 아침 수업 시간이 길게 느껴졌다면, 오후 수업 시간은 끝이 없는 것 같았다. 존슨 선생님 책상 위에 있는 모래 시계의 모래는 마치 굳어서 움직이지 않는 것 같았다. 선생님은 한 격언에 대해서 설명을 했다. 밥이 딱딱한 벤치에서 몸을 뒤틀고 있는 동안, 선생님은 격언 하나를 가지고 한 시간을 설명했다.

"행동 없이 말만 하는 사람은 잡초가 무성한 밭과 같다."

밥은 자기 책상을 내려다 보았다. 잉크는 손도 대지 않았다. 밥이 이 잉크를 언제나 써 보려나 하고 있을 때, 마침 선생님의 목소리가 울려 퍼졌다.

"공책을 열어서 내가 말한 격언을 써라."

밥은 열성적으로 펜을 쥐고 잉크를 찍었다. 그런데 "밭"이나 "잡초"라는 단어를 듣자 무심코 한스 홀쩌의 농장이 생각났다.

그래서 그는 펜으로 언덕을 그렸다. 그 다음 한스 홀쩌가 도랑을 파는 그림을 그렸다. 그는 격언을 쓰는 것에 대해서 잊어버렸다. 그는 칼렙 존슨 선생님도 잊어버렸다.

갑자기 그는 화들짝 놀랐다.

"로버트 풀턴!" 선생님이 고함쳤다. "일어나!"

밥이 즉시 일어섰다.

"공책을 가지고 오너라. 얼른!"

아이들은 쓰다가 멈추고 허리를 세우더니 두 눈을 크게 떴다.

교실 안은 말할 수 없이 잠잠했다.

밥은 무릎을 덜덜 떨며 교실 한 가운데 있는 책상으로 갔다. 그는 공책을 선생님에게 내밀었다.

"잉크 색이 너무 흐려." 그가 매정하게 말했다.

밥은 얼굴이 붉어졌다.

"표지에 있는 스케이트 타는 그림은 부끄러운 행동이야." 선생님은 눈썹을 몹시 찡그렸다. "어른들은 고되게 일하는데 아이들이 노는 것은 양심에 어긋나는 행동이야."

이제 그는 학생들을 쳐다보았다. "공책에 이렇게 써라."

"게으른 자는 먹지도 말아라."

열두 개의 펜이 끄적거리기 시작했고, 선생님은 밥의 공책을 열었다. 첫 페이지를 보자마자 그는 한스 홀쩌가 곡괭이를 들고 있는 그림을 발견했다. 존슨 선생님의 화를 돋구고도 남을 일이었다.

"손 내밀어!" 그가 명령하며 자작나무 회초리를 집었다.

회초리가 탁! 하며 밥의 손을 내리쳤다.

회초리가 탁! 하며 밥의 손을 내리쳤다.

탁! 휙! 탁! 회초리가 계속 내리쳤다. 말할 수 없이 쓰라렸다.

"자!" 선생님이 말했다. "이 정도면 정신 차렸겠지."

"선생님!" 밥이 말했다. "저는 머리에 무언가를 새기려고 왔지, 손바닥에 상처를 새기려고 온 것은 아닙니다!"

선생님의 눈알이 금방이라도 튀어나올 것만 같았다. 그는 무슨 말을 해야 할지 생각할 수가 없었다. 그는 회초리를 내려 놓았다. 그리고 안경을 벗었다.

바로 그때 오후의 해가 구름 뒤에 숨어버리자, 교실이 어두워졌다.

"너무 어두워졌으니 공부를 할 수가 없겠다." 존슨 선생님이 말했다. "모두 돌아가라. 돌아가."

5.
그림

밥은 인디언 빗자루를 만들고 있다가 눈을 들었다. 부엌은 얼마나 아늑한가! 학교에서 무시무시한 첫날을 보낸 뒤 집에 오니 얼마나 밝고 유쾌한가!

저녁 식사가 끝났다. 식탁용 널빤지를 깨끗이 닦아서 벽에 세워놓았다. 나무 그릇들은 굴뚝 옆에 있는 선반에 가지런히 정돈 되었다. 가족들 모두 각자의 일을 하느라 분주했다.

"이제 일 그만해라!" 풀턴 부인이 말했다. "옛날 이야기 시간이야!"

 아이들은 재빨리 등받이가 없는 의자를 끌어와 벽난로 주위에 반원을 그리고 앉았다.

 고양이 마틸다까지도 가까이 왔다. 마치 이렇게 말하는 것 같았다. "뭐니뭐니해도 아이들은 따스한 벽난로 가에 앉아 느긋하게 빈둥거릴 때가 제일 좋지."

 "여우 레이나드! 여우 레이나드!" 아브라함이 풀턴 부인의 앞치마를 잡아당기며 말했다. "엄마, 꾀 많은 여우 레이나드 얘기 해주세요, 네?"

 "치!" 폴리가 코를 씰룩거리며 말했다. "아브라함은 맨날 그 얘기만 해달라고 해."

 "전 다른 무엇보다 진짜로 있었던 얘기를 듣고 싶어요." 밥이 말했다. "인디언들을 많이 넣고, 남자 아이도 하나 넣고. 제 나이 또래 소년이 인디언을 만나는 얘기 해주세요."

 "진짜로 있었던 얘기요! 진짜로 있었던 얘기!" 소녀들이 모두 말했다.

 "내 생각도 좀 해줘라!" 풀턴 부인이 웃었다. "인디언이 나오는 진짜 얘기라……. 그리고 여덟 살이 되는 소년이 들어가야 한다……. 그렇다면 생각하는 모자를 써야겠는 걸."

아브라함의 입술이 떨리기 시작했다. 그는 변함없이 그 여우 이야기를 듣고 싶었다.

"아브라함." 풀턴 부인이 말했다. "네가 오늘 옥수수를 튀기게 해줄게. 기다란 주걱에 옥수수 한 줌만 넣어. 그러면 페기가 버터와 소금을 발라줄 거야. 자 그러면, 생각해보자……."

잠시 풀턴 부인은 앉아서 생각을 했다. 그러더니 굴뚝에 그려져 있는 풀턴 씨와 자신의 그림을 쳐다보았다.

"아, 바로 그런 이야기가 있지!" 그녀가 열성적으로 말했다.

거센 바람에 흔들리던 솔송나무 가지가 창문 덮개를 두드렸다.

"벽난로에 소나무 장작을 한 개 넣어라, 밥. 불이 타닥거리는 소리를 들으면 바람 소리를 잊을 테니까."

아이들은 흥분이 되어 밥이 커다란 장작을 불에 넣는 모습을 지켜보았다. 아브라함은 안절부절 못했다. 주걱 위에 올려놓은 옥수수가 벌써 다 튀겨졌다.

풀턴 부인이 앞치마를 가지런히 폈다.

"어느 어린 퀘이커 소년이 선반에 그림을 그렸어." 그녀가 말을 시작했다. "그리고 아빠와 엄마는 그가 그렇게 유명해지리라고는 꿈도 꾸지 못했지."

"이름이 뭐예요?" 페기가 물었다.

"벤자민 웨스트야. 아주 잘생겼지. 자작나무처럼 피부가 희고 마르고, 조용하고도 상냥했어."

자작나무라는 말을 듣자 밥이 움찔했다. 그는 자신의 감정을 숨기려고 이미 타닥타닥 잘 타오르고 있는 불을 불쏘시개로 뒤적거렸다.

"인디언은 언제 나와요?" 옥수수가 튀겨지며 하얗게 부풀어오르는 모습을 지켜보던 아브라함이 물었다.

"쉬!" 벨이 말했다. "잠들지 않으면 곧 알게 돼. 그렇죠, 엄마?"

"엄마!" 밥이 눈을 빛내며 말했다. "그 소년에 대해서 얘기해주세요."

풀턴 부인은 고개를 치켜들고 다음 내용을 기다리고 있는 아이들을 한 명 한 명 쳐다보았다. "퀘이커 소년이 살고 있었는데." 그녀가 다시 얘기를 시작했다. "그는 엄마,

아빠, 여섯 명의 자매, 다섯 명의 형제들과 함께 우리가 사는 펜실베니아에 살고 있었어. 그는 가난했지만, 무엇이든 관찰하는데 뛰어났지.”

“무엇을요?” 폴리가 물었다.

“아, 새, 꽃, 소, 나무, 집, 사람들 그런 것들이야. 그런 것들을 얼마나 유심히 관찰했던지, 모두 그림으로 그렸어.”

“어떻게 재료를 구했어요?” 밥이 궁금했다.

“그는 뭐든지 잘 만들어냈지. 그는 잉크를 직접 만들고, 종이 대신 포플러나무로 얇게 판자를 만들었어.

“인디언은 언제 나와요?” 아브라함이 끈질기게 물었다.

“어느 날.” 풀턴 부인이 말했다. “벤자민이 혼자 숲 속에 있었어. 로빈 새를 그리고 있었어. 그때 갑자기 인디언 세 명이 그의 뒤에 몰래 다가왔지. 그들은 발자국 소리도 내지 않았어.

벤자민도, 로빈도, 그들의 소리를 듣지 못했어. 벤자민은 계속해서 까만색 잉크 통에 거위 깃털 펜을 찍어 그림을 그렸어. 로빈 새는 계속해서 부리로 깃털을 다듬고 있었지.

인디언들은 오랫동안 벤자민의 어깨너머로 구경을 했어. 그리고 아무 신호도 없이 한 명이 가지를 부러뜨렸어."

탁! 바로 그때 소나무 장작이 소리를 냈다. 그리고 뜨거운 불꽃이 거의 고양이 마틸다의 얼굴에 튈 뻔했다.

마틸다가 놀라서 더 안전한 곳을 찾아 풀턴 부인의 치맛자락 아래로 고개를 들이박자, 아이들은 몸을 뒤흔들며 웃었다.

"엄마, 그래서요?" 폴리가 재촉했다. "벤자민이 인디언을 보고 어떻게 했어요?"

"나뭇가지 부러지는 소리가 들리자." 풀턴 부인이 가만히 속삭였다. "벤자민은 꼭 마틸다처럼 놀라서 벌떡 몸을 세웠어. 그리고 뒤를 돌아보니 바로 등 뒤에 커다란 인디언 세 사람이 서 있었던 거야. 손에는 모두 창을 들고 머리에는 독수리 깃털을 꽂고 있었어.

'어!' 벤자민이 놀라서 말했어. '어! 어!'

그 인디언들은 아무 말도 하지 않았어. 그 대신 그들은 막 날아가버린 로빈 새를 가리켰어. 그리고 빨간색, 노란색 물감으로 그림을 그린 자기들 가슴을 가리켰어.

벤자민은 겁이 났으나, 인디언들이 무슨 질문을 한다는 걸 깨달았어. 그들은 벤자민이 왜 로빈의 가슴을 빨간색으로 칠하지 않았는지 물었던 거야."

"어쩔 수 없죠." 벨이 말했다. "물감이 없었을 테니까요."

풀턴 부인이 고개를 끄덕이며 계속 말을 이었다. "갑자기 인디언들이 시냇가 쪽으로 가기 시작했어. 그리고 그 소년에게 따라오라고 신호를 보냈어.

이제 벤자민은 그들이 친절한 인디언이라는 걸 알게 되었어. 게다가 호기심이 났어. 그래서 포플러 나무로 만든 판자를 집어 들고 그들 뒤를 따라갔어.

곧 그들은 모래 사장에 도착했어. 거기서 앞서 가던 인디언이 멈췄어. 그는 시냇가 강둑에서 붉은 색 진흙을 한 줌 떴어. 그리고 돌멩이를 집어서 마치 전문가처럼 그 진흙을 이겼어. 그러는 동안 두 번째 인디언은 시내로 가서 바가지에 물을 떠 왔어."

"그리고 붉은 진흙을 물에 섞었나요?" 밥이 흥분해서 물었다.

"그래. 그들은 진한 붉은색이 될 때가지 계속 섞었어.

그 뿐 아니라, 노란색 진흙을 가져다가 노란색 물감을 만들었어."

아이들은 너무나 흥미진진한 이야기에 빠진 나머지, 팝콘을 거의 씹지도 않고 삼켜버렸다.

"그리고 앞서 가던 인디언이 벤자민의 머리에 손을 얹으면서 그를 앉혔어. 그리고 벤자민이 겨드랑에 끼고 있던 포플러나무 판자를 집어서 그것을 자신의 무릎에 놓았어. 그러자 세 번째 인디언이 빨간색과 노란색 물감이 가득 든 조개껍데기를 내밀며 새를 가리켰어.

벤자민은 아주 영리한 소년이었어. 그게 무슨 뜻인지 순식간에 알아차렸지. 먼저 그는 손가락으로 빨간 물감을 찍어서 로빈의 가슴을 칠했어. 그리고 노란 물감을 찍어서 로빈의 샛노란 부리를 칠했어."

"하하!" 아브라함이 소리쳤다. "레이나드 여우보다 더 재밌다. 그래서 어떻게 됐어요, 엄마?"

"인디언은 만족한 듯 껄껄거리며 숲 속으로 돌아갔지. 그때 '잠깐만요!' 벤자민이 소리쳤어. '잠깐만요!'

그는 그들에게 선물을 주었어. 가장 아끼는 물건이었지."

먼저 그는 손가락으로 빨간 물감을 찍어서 로빈의 가슴을 칠했어.

"설마 주머니칼을 준 건 아니겠죠?" 밥이 소리쳤다.

"주머니칼이었어. 그리고 매우 기분이 좋아서 집으로 날듯이 뛰어갔지. 그는 엄마, 아빠, 여섯 명의 자매, 다섯 명의 형제들에게 그 그림을 보여주고 싶었어."

"그들이 뭐라고 말했어요?" 페기가 물었다.

"벤자민의 아버지 웨스트 씨는 퀘이커 교도였어. 너희도 알다시피 퀘이커들은 밝은색을 좋아하지 않거든. 그는 그 그림을 보자 인상을 찌푸렸어. 그리고 집안을 서성거렸지.

하지만 웨스트 부인은 벤자민을 팔로 감싸며 그 그림이 세상에서 최고로 아름다운 그림이라고 말했어. 그 뿐 아니라 그녀가 부엌에 보관해두었던 파란색 물감을 조금 써도 된다고 말했어. 그래서 벤자민은 여덟 살도 되기 전에 빨간 진흙, 노란 진흙, 그리고 어머니의 파란 물감으로 무지개 색을 칠하게 되었어."

밥 풀턴은 좋아서 두 팔을 꼭 끼고 안았다. 그는 진짜 있었던 이야기를 좋아했다. 특히 인디언들과 전쟁 이야기를 좋아했다. 그는 벽난로의 풀무를 쥐고 불을 더 활활 태웠다. 그는 온 세상이 아름답다고 느꼈다.

다섯 아이들이 잠자리에 들다

"이제 폴리." 풀턴 부인이 말했다. "사과를 가져와서 돌리렴. 그리고 아브라함, 사탕을 한 사람에게 하나씩 돌리고."

"그런데 벤자민 웨스트가 어른이 된 다음에는 어떻게 됐어요?" 밥이 궁금해서 물었다.

"그는 유명해졌고 돈을 많이 벌었어. 그는 런던에 가서 왕의 초상화를 그렸단다! 지금도 그곳에 있어."

작은 부엌은 말소리, 웃음소리, 사과 먹는 소리로 시끌시끌해졌다.

"쉿!" 풀턴 부인이 주의를 집중시켰다. "마을 시계가 여덟 시를 치는구나!"

마지막 종소리와 함께 아브라함은 어머니 발치에 무릎을 꿇었다. 나머지 아이들은 앉아 있던, 세 발 달린 의자 앞에 무릎을 꿇고 두 팔 위에 머리를 얹었다.

벽난로의 온기가 그들의 등을 따스하게 덥혀주었다. 그들은 마음 속으로 따스한 행복을 느꼈다.

이제 다섯 명이 작은 목소리로 기도를 했다.

"우리 주 예수님, 제 곁에 계셔 주세요.
언제까지나 제 곁에 계셔서 사랑해주세요.
모든 어린아이들을 예수님의 사랑으로 돌봐주세요.
그리고 천국에서 주님과 함께 살게 해주세요."

그리고 밥은 기도문 끝에 자신의 기도를 덧붙였다. "하나님, 저도 벤자민 웨스트처럼 그림을 잘 그리게 해주세요."

페기가 촛불을 켰고, 다섯 명의 풀턴 아이들은 사다리를 타고 다락으로 올라갔다.

밥은 깃털 침대에 몸을 던지자 곧 잠이 들었다. 그는 언젠가는 벤자민 웨스트가 그의 선생님이 되리라고는 꿈도 꾸지 못했다.

6
코네스토가 시냇가에서

밥은 목탄 덩어리를 화덕에 던졌다. 그리고 자신의 그림을 언짢은 듯 바라보았다. 목탄으로 그린 선은 너무 굵고 지저분했다. 그는 아주 가느다란 선으로 그리고 싶었다.

대장장이가 밥의 뒤편에서 말했다. "고생이 많다. 오! 총을 그렸구나!"

밥이 고개를 흔들었다. "하지만, 방아쇠가…… 사람도 더 잘 그려야 하고, 들오리도 진짜처럼 그려야 하는데…… 목탄으로 그리면 가는 선을 그릴 수가 없어요."

이제 그는 신사 모양의 작은 조각 인형을 창문
앞 선반에 내놓았다.

대장장이가 생각에 잠긴 듯 턱수염을 쓰다듬었다. 그러더니 아이디어가 있다는 듯 얼굴이 밝아졌다.

"벌써 학교에 다닌 지 6개월이 되었구나. 그 정도면 누구라도 펜과 잉크로 가느다란 선을 그릴 수 있지."

밥이 머리를 떨어뜨렸다. "그 말을 안 하려고 했는데……."

"무슨 말이냐?"

"제게 주신 2센트를 낭비했어요. 제 잉크를 망쳤거든요. 양초에서 떨어진 촛농 때문에 못쓰게 됐어요."

대장장이는 부젓가락으로 불붙은 목탄을 꺼냈다. 그리

고 담배 파이프에 불을 붙였다. 밥이 계속 설명해주기를 기다리고 있었다.

"밤에 학교에서 어른들 모임이 있었는데요." 밥이 말했다. "학생들의 잉크 병을 촛대로 사용해야 했어요. 다음 날 우리가 학교에서 잉크를 쓰려고 보니 글씨가 모두 번졌어요. 촛농이 떨어져 잉크가 전부 못 쓰게 된 거예요."

"쳇!" 대장장이가 담배를 뻐끔거리며 콧김을 내뿜었다. "어른들이 왜 학교에서 모여서 난리를 친단 말이냐? 내가 그들을……."

하지만 그는 말을 끊어버렸다. 바로 그때 길 아래쪽에 있는 담배 가게가 그의 눈에 들어왔다. 가게 주인 드무스 씨가 창문 덮개를 열어 젖혔다. 이제 그는 신사 모양의 작은 조각 인형을 창문 앞 선반에 내놓았다. 드무스 씨는 항상 일곱 시 반이면 정확하게 가게를 열었다.

"얼른 서둘러라! 학교에 가야지. 늦으면 엉덩이에 회초리를 맞을 테니까."

이상한 검은 바위

화창한 5월 어느 아침이었다. 밥은 학교에 일찍 가는 것을 좋아하지 않았다. 일찍 가기만 하면 존슨 씨는 그에게 거위 깃털 펜을 만들고 수선하라고 시켰던 것이다. 그래서 그는 코네스토가 시냇가를 돌아서 갔다.

그는 날카로운 나무 막대기로 시냇가 가장자리를 찔러 보며 갔다. 그는 거의 항상 그곳에서 무언가 재미있는 것을 발견했다. 어느 날에는 커다란 가재가 돌멩이 아래에 숨어 있었다. 그가 만지려고 하자 가재가 쏜살같이 달아났다. 그것도 거꾸로 말이다! 또 어느 날은 개복치가 모래밭에서 둥지를 파고 있었다. 그것은 코와 지느러미를 삽처럼 사용하고 있었다.

갑자기 밥이 멈추었다. 이건 뭐야? 그는 시냇가 강둑에 까맣고 가느다란 줄무늬를 막대기로 두들겼다. 도대체 무엇일까? 목탄처럼 보이는데! 아니 목탄보다는 더 색이 흐렸다. 그는 주머니칼을 꺼내서 그것을 한 조각 잘라냈다. 그리고 바위에 그것을 써보았다. 까맣게 자국이 남았다!

그는 흥분해서 주머니칼로 더 많이 잘라냈다.

그리고 대장장이에게 보여주려고 달려갔다.

"이상하게 생긴 바위 같은 것을 봤어요!" 그가 소리쳤다. "한번 써 보세요! 까맣게 써져요!"

대장장이는 두 손을 바지에 닦았다. 그리고 한 조각을 받아서 그의 손 등에 엑스 표시를 했다.

"그렇구나!" 그가 감탄했다. 그리고 그의 미소는 점점 커져서, 이가 빠진 까만 구멍이 드러났다.

"이것으로 뭔가 만들 거예요. 학교 친구인 존 콥은 자기 아버지께 연필이 있다고 했어요. 까만색 납으로 만들었는데, 나무 속에 그것을 집어넣었대요. 이건 분명 그 검은 납이 틀림없어요!"

학교는 까맣게 잊어버렸다. 밥의 머릿속에 다른 생각이라고는 없었다. 대장장이가 학교 생각을 했는지는 모르겠으나, 그 역시 아무 말도 하지 않았다. 작업을 시작하면서 즐거운 휘파람을 불었을 뿐이었다.

밥은 오늘은 벽돌을 놓고 올라설 시간이 없었다. 손이 닿지 않는 것은 껑충 뛰어 잡으려고 했다.

"아이고!" 그는 껑충 뛰어올라, 높은 선반 위에 놓인 절구를 집으려고 했다. 살짝 손만 닿았을 뿐, 집을 수가 없었다.

대장장이는 손바닥으로 그의 눈을 가렸다. 절구가 떨어져 부서지지 않기만을 바랬다. 다행히 떨어지지 않았다.

그는 안도의 한숨을 내쉰 뒤, 다시 쇠로 수레 바퀴 틀을 만들었다.

밥은 검은색 조각을 절구에 넣었다. 그리고 그것을 빻아서 가루로 만들었다. 그는 웃음이 나오는 것을 참을 수가 없었다. 계속해서 그것을 빻았으나 조금도 지치지 않았다! 즉석 푸딩을 저을 때와는 어쩌면 이렇게 기분이 다를까! 이번에는 대단히 재미있었다.

그 다음 가루를 채로 걸렀다. 한 번. 두 번. 세 번. 마침내 가루가 만족할 만큼 곱게 되었다. 이제 다음 단계로 넘어갈 차례였다.

"유황 한 덩이만 빌려주세요. 약방 주인이 그러시는데, 뜨거운 유황을 넣으면 가루가 서로 엉겨붙는대요."

대장장이가 고개를 끄덕였다.

그리고 납을 국자에 넣고 녹이면서, 유황을 불에 달구었다.

먼저 밥은 화덕 뒤로 가서 풀무를 잡고 펌프질 했다. 그리고 다시 돌아와서 납이 녹는 것을 관찰했다. 그것을 저은 뒤, 다시 풀무를 펌프질 했다.

마침내 그는 두 가지를 섞은 다음, 그것을 옆으로 내놓고 식혔다.

"네가 껑충껑충 뛰니까 꼭 메뚜기 같았어!" 대장장이가 껄껄 웃었다.

"이제 나무로 납을 싸야겠어요!" 밥이 말했다.

그는 사다리를 밟고 올라가 다락에 보관해 둔, 얇고 가느다란 송판 한 개를 가져왔다. 주머니칼을 꺼내어 그 송판을 두 개로 갈랐다. 그것은 자의 길이만큼 길었고, 엄지손가락만한 두께였다.

그는 막 잘라 낸 소나무 찌꺼기 냄새를 맡아보았다. 소나무 향기가 진동했다!

그는 가느다란 쇠꼬챙이를 풀무에 달구었다. 쇠가 빨갛게 달아오르자, 그것을 가지고 각각의 나무에 홈을 냈다.

"이 홈에 납을 끼우려고요." 밥이 자랑스럽게 말했다.

대장장이는 눈썹을 치켜 떴다. "만일 그렇게만 할 수 있다면 얼마나 좋겠니? 하지만 네가 만든 납은 꼭 케이크 반죽 같은 걸!"

밥은 흥얼흥얼하며 빵 반죽 같은 반죽을 주물렀다. 그는 어머니가 보지 않아서 다행이라고 생각했다. 만일 봤다면, 그에게 빵 반죽 주무는 일을 시키실지도 모른다!

대장장이는 바퀴 틀을 만들면서도 한쪽 눈은 밥에게 가 있었다. 밥이 하는 일을 내내 지켜보던 그도 몹시 기분이 좋았다.

쾅! 쾅! 나무 망치 소리가 들렸다. 그리고 쾅! 쾅! 밥의 심장도 뛰었다. 납은 점점 모양이 생기기 시작했다. 그것은 점점 더 길어졌다. 그리고 점점 더 동그래졌다.

"이제 납이 완성됐어요." 밥이 소리쳤다.

그는 조심스럽게 길쭉한 나무에 풀을 얇게 펴서 발랐다. 그리고 둥근 납을 가운데 넣고 나무 조각 두 개를 맞추고 단단히 눌렀다. 그러면서도 연신 들망아지처럼 가게 안을 이리저리 마구 뛰어 다녔다.

마침내 그에게 연필이 생겼다! 그는 주머니칼을 꺼내어 납 끝을 날카롭게 빚었다.

그때서야 별안간 학교가 생각났다.

또 지각

작은 퀘이커 학교는 문이 닫혀 있었다. 아이들은 한 명도 보이지 않았다. 이번에는 토끼 한 마리도 눈에 뜨이지 않았다! 그는 한 손을 문의 빗장에 놓고, 잠시 서서 기억을 했다. 바로 여섯 달 전에도 바로 거기에 그렇게 서 있었다. 하지만 그때는 연필이 없었다. 이제 그는 학교에서 연필을 가진 유일한 소년이 되었다. 선생님 조차도 연필이 없었던 것이다.

그는 어떻게 해야 할지 생각을 했다. 들어가야 하나? 아니면 돌아서서 집으로 가야 하나? 무서운 선생님을 대면해야 하나? 아니면 실망한 어머니 눈빛을 대면해야 하나? 그는 차라리 선생님을 대면하기로 마음 먹었다.

갑자기 안에서 누가 문을 열었다. 그 바람에 로버트 풀턴은 거의 선생님 위에 엎어질 뻔했다! 그는 재빨리 뒤로 물러섰다.

그 순간 존슨 선생님은 마치 폭발할 것처럼 보였다. 얼굴은 불같이 벌개지고, 눈은 무섭게 불거졌다.

밥은 말을 더듬었다. 그는 한쪽 발로 섰다가, 곧 다른 발로 섰다.

"꿈틀거리지 마라!" 선생님이 으르렁거렸다. "가만히 있어!"

벤치에 앉아 있던 아이들이 흥분해서 문 쪽으로 몸을 기울였다. 소녀들은 겁에 질렸다. 그 중 몇 명은 주머니에서

선생님은 경탄의 눈빛으로 연필을 보았다.

손수건을 꺼냈다. 아무도 학교에 이렇게 늦게 온 적은 없었다. 얼마나 호되게 벌을 받을지는 뻔한 일이었다!

존슨 선생님은 다시 책상으로 돌아갔다. 그는 자작나무 회초리를 쥐었다. "아이들에게!" 그가 쏘아 붙였다. "왜 네가 늦었는지 설명해라!"

"저는 연필을 만들었습니다." 밥이 말했다. 그는 미소가 나오는 것을 참을 수가 없었다. 그리고 이렇게 덧붙였다. "가늘게 잘 써져요. 한번 써보세요, 선생님."

선생님은 경탄의 눈빛으로 연필을 보았다. 그는 자작나무 회초리를 떨어트렸다. 그는 가발을 한쪽으로 밀고는 머리를 긁적였다. 그가 평생 연필을 본 것은 세 번 밖에 없었다. 이 연필도 그것에 못지 않게 근사했다.
 아이들은 놀라서 일어섰다. 모두다 무슨 일이 일어나고 있는지 몰라 어리둥절했다.
 이제 선생님은 안경을 썼다. 그는 나무 두 조각을 풀로 붙인 경계선을 찾아보려고 했다. 그 다음엔 자작나무껍질 조각에 그 연필로 글씨를 써보았다.
 "어허!" 그가 숨을 들이쉬었다. "제대로 된 연필이 아니라고는 못하겠군. 너는 작은 것으로 대단한 것을 만들 수 있구나. 로버트 풀턴!"
 그리고 칼렙 존슨 선생님은 아직까지 아무도 보지 못했던 행동을 했다. 그는 몸을 기울여 밥의 등을 토닥거렸다.
 밥의 고개가 돌아갔다. '아니, 이제 보니 선생님은 좋은 분이잖아?' 그가 속으로 말했다. '대단히 좋은 분이야!' 그는 기분이 좋아서 안도의 숨을 내쉬었다.
 "해가 중천에 올랐구나." 선생님이 평소보다 더 작은 목소리로 말했다. "점심 시간이다."
 학교 마당에서는 소년들이 밥 주변에 모여들었다. 그들은 흥분해서 점심을 거의 먹을 수가 없었다. 질문 공세가 시작되었다. 모두 다 어떻게 하면 연필을 만들 수 있는지 알고 싶어했다.

　그러나 밥은 몹시 배가 고팠다. 그는 맛있는 생강 빵을 한 입 물었다. 아, 정말 맛있었다! 그는 어머니가 평생 이렇게 맛있는 생강 빵을 만든 적이 없다고 생각했다.

　그는 빵을 먹으면서 질문에 대답했다. 지혜로운 질문과 어리석은 질문에 다 대답을 해주었다. 그러나 그의 마음 한 구석은 대장간에 가 있었다. 그는 반쯤 그리다만 총을 생각했다. 마침내 그는 가느다란 선을 그릴 수 있게 되었다!

7
안드레 소령

"빨간코트 무서워?" 어느 날 오후 존 콥이 밥에게 물었다.

존은 밥의 학교 친구였다. 그는 밥보다 세 살이 많았다. 그는 자기가 밥보다 더 힘세고 더 용감하다고 느끼고 싶었다. 그는 느닷없이 질문을 하는 습관이 있었다. 때때로 그는 마치 벌이 쏘듯 날카롭게 질문을 던졌다.

두 소년은 학교에서 집으로 가는 강둑을 걷고 있었다.

빨간코트: 빨간 제복을 입은 영국 군인의 별명

1775년 가을이었다. 미국 식민지는 독립을 위해서 여섯 달 이상 전쟁을 하고 있었다. 두 소년은 그 동안 있었던 전투에 관해서 상세히 들어 알고 있었다.

벌써 랭카스터에는 영국군 포로가 수백 명 있었다. 그들은 진한 빨간색 외투를 입고 있었기 때문에 "빨간코트"라고 불렀다.

"빨간코트"라는 말만 들어도 아이들은 비명을 지르며 집으로 들어갔다.

"넌 빨간코트가 무서워, 안 무서워?" 존 콥이 물었다.

밥은 어떻게 대답을 해야 할지 몰랐다. 어떤 빨간코트는 비열하고 못된 사람들이었다. 그는 그런 빨간코트가 무서웠다. 어떤 빨간코트는 착했다. 그런 빨간코트는 무섭지 않았다. 밥은 뭐라고 대답해야할지 몰랐다.

바로 그때 아브라함이 달려와 그들을 맞이했다. 아브라함을 보자 밥은 반가웠다. 이제 대답을 생각할 여유가 생긴 것이다.

아브라함이 잔뜩 기대하며 물었다. "숨바꼭질 할까? 개구리 뛰기 할까? 합스카치 할까?"

존은 짜증을 냈다. "네 동생 정말 귀찮아!" 그가 내뱉었다. "왜 항상 따라 다니는 거지? 질문을 많이 하기는 꼭……."

"꼭 너같아!" 밥이 웃었다.

"알았어!" 존이 말했다. "우리 집에 가자고 할 참이었는데. 우리 집에 빨간코트가 와서 머물게 되었어. 그는 캐나다에 있다가 몽고메리 장군에게 붙잡혔어. 안드레 소령이라고 해. 그는 물감 상자를 가지고 있어."

"물감 상자라구?" 밥이 말했다.

"그 뿐 아니야. 붓이 다섯 개나 있어."

"설마 낙타 털 붓은 아니겠지?"

"그거야. 낙타 털 붓이야." 존이 신이 나서 고개를 끄덕였다. 그는 납작한 돌멩이를 주워 강물 표면에 던지며 묘기를 부렸다.

"저것 봐!" 아브라함이 소리쳤다. "돌멩이가 세 번 튕겼어! 형은 항상 세 번 튕기게 던질 수 있어?"

"아니!" 존이 쏘아 붙였다. "항상 세 번이 아니야. 대부분 다섯 번이지. 이제 우리를 내버려 둬."

그리고 그는 밥에게 몸을 돌렸다. "그 소령이 나에게 그림 그리는 것을 가르쳐 주셔." 그가 자랑했다. "그러니까

넌 빨간코트를 무서워 하냐구?"

밥은 아브라함의 손을 잡고 집으로 달려갔다. "집안일 다 마치면 저녁 때 너희 집으로 갈게." 그가 소리쳤다.

존 콥은 발꿈치로 땅을 차며 웃었다. 그는 밥 풀턴을 좋아했다. "밥은 아홉 살이지만, 용감하고도 영리해." 존이 말했다.

구슬을 맞춰라!

보름달이 떴다. 그 하얀색 달빛이 오묘하게 랭카스터 마을을 내리 비추었다.

밥은 서둘러서 콥의 집으로 가고 있었다. 그 퀘이커 교도의 집 대문을 열고 들어가다가, 콥 씨 부부와 마주쳤다.

"축복한다!" 콥 씨가 웃었다. "몹시 급한 모양이로구나."

"존이 기다리고 있어, 로버트." 콥 부인이 말했다. "우린 집회소에 가는 길이야. 들어가 봐라."

밥은 콥 부부에게 감사하다고 말했다. 그리고 문빗장을 들어올리고 아늑한 돌집으로 들어갔다.

축복한다: 퀘이커들이 서로에게 인사하는 말
집회소: 종교 예배 및 공공 집회로 사용하는 건물

벽난로 앞에 있는 누비 카펫 위에 존과 그 동생, 피터와 토마스가 놀고 있었다. 그들은 구슬게임을 하고 있었다. 그 소년들 옆에 안드레 소령이 무릎을 꿇고 함께 놀고 있었다.

빨간코트에 흰 바지를 입은 소령은 몹시 화려해 보였다. 불빛에 금색 단추와 구두 뒤축에 달려있는 은 박차가 반짝거렸다.

"그는 어른이 틀림 없어." 밥이 생각했다. "존 보다 더 나이 들어 보이지 않지만. 소령이니까 스무 살은 되었겠지. 정말 근사해 보이는군!"

존과 빌과 토마스는 밥이 들어오는 소리를 듣지 못했다. 그들은 게임에 열중해 있었다.

안드레 소령만 돌아보았다. 그는 밥에게 살짝 미소를 지어보였다. 마치 "우리는 금세 친구가 될 거야."라고 말하는 것 같았다.

존의 차례였다. 그가 이기고 있었다. 그의 뒤에 있는 작은 주머니에는 구슬이 가득차 있었다.

탁! 그가 구슬을 원에서 쳐서 내보냈다. 그리고 얼마나

박차: 말의 옆구리를 자극해서 빨리 달리게 하기 위한 톱니바퀴

빨간코트에 흰 바지를 입은 소령은 몹시 화려해 보였다.

크게 웃었는지 밥도 따라 웃었다.

"아, 너 왔구나!" 존은 벌떡 일어나 밥을 원으로 끌어들였다.

"안드레 소령님, 제 친구 밥 풀턴이에요.":

소령은 일어나서 밥과 악수를 했다. "그렇구나." 그가 말했다. "미술에 관심이 있다고? 우리가 하는 작은 미술학교에 너도 오면 좋겠구나."

즉시 밥이 말했다. "그럼 저도 무척 좋겠어요! 정말 좋겠어요!"

"구슬 게임 한 번만 더 하고." 토마스가 졸랐다. "존이 제일 좋은 내 구슬을 다 가져 갔어. 게임 한 번만 더요. 네, 소령님?"

밥이 실망했다. 그는 구슬 게임을 보러 온 것이 아니라 물감 상자를 보러 온 것이었다.

"한 번만 더 하지." 소령이 웃었다. "밥, 너도 함께 하자. 카펫 가운데 있는 파란색 부분이 원이야."

"저는 구슬이 없어요. 하지만 주머니에 개금 세 개가 있어요. 구슬처럼 잘 굴러가요."

이제 밥이 게임에 들어왔다. 그는 개금 두 개를 원 안에 넣었다.

콥 소년들 세 명과 소령은 반짝이는 구슬 두 개씩을 넣었다.

"밥 풀턴이 먼저 해라." 소령이 말했다. "잘 조준해서 맞춰야 해."

밥이 무릎을 꿇었다. 그는 주먹을 쥐고 카펫 위에 놓았다. 그리고 머리를 한쪽으로 눕혔다. 한쪽 눈을 찔끔 감았다. 그는 한번에 구슬 두 개를 맞춰서 원 밖으로 내보낼 수 있다고 생각했다.

그의 엄지손가락에서 틱! 하는 작은 소리가 났다. 떼구르르! 구슬 한 개가 다른 구슬을 쳤다. 그러더니 두 개가 굴러갔다.

"나도 개금 열매가 있었으면." 토마스가 입을 불쑥 내밀었다. "그러면 틀림없이 구슬을 칠 수 있을 텐데."

"아니!" 존이 웃었다. "게임하다가 깜박 잊고 그걸 먹어 버릴 걸!"

밥은 구슬 두 개를 주머니에 넣었다. 또 구슬을 쳤다. 그리고 두 개를 더 얻었다.

밥은 게임이 끝났으면 했다. '게임을 끝내려면 어떻게

든 맞추어야 해. 시간은 점점 가는데…….' 그가 마음속으로 말했다.

그가 몸을 구부렸다. 그리고 주먹을 카펫 위에 놓았다. 조준했다.

탁! 그의 엄지손가락에서 소리가 났다. 안도의 외침이 밥의 입에서 흘러나왔다. 개금 열매 하나가 다른 개금을 맞추어, 이제 두 개가 함께 날아갔다.

"브라보!" 안드레 소령이 소리쳤다. "브라보! 브라보! 정말 대단해. 넌 전문가로구나."

다른 소년들이 다른 게임을 제안하기 전에 밥이 일어났다. 그는 더 이상 낭비할 시간이 없었다.

"오늘은 게임 그만해요." 그가 말했다. 그는 구슬을 모두 돌려주었다. 두 개는 소령에게, 존과 빌과 어린 토마스에게 각각 두 개씩 주었다. 그는 개금 열매도 토마스에게 주었다.

"소령님." 밥이 소령을 마주보았다. "이제 괜찮으시면 물감 상자를 보고 싶어요!"

8
물감 상자

집회소 탑에 있는 시계가 일곱 시를 울리고, 여덟 시, 그리고 아홉 시를 울렸다. 밥은 그 소리를 듣지도 못했다.

빌과 어린 토마스는 옆에서 잠이 들어 있었다. 벽난로 불이 사그르들어 방은 추워졌다. 식탁 위에 있는 촛불이 깜박이고 있었다.

그러나 안드레 소령과 존과 밥은 지치지도, 춥지도 않았다.

소령은 두 소년에게 그의 물감을 사용하게 해주었다. 그들은 다른 어떤 게임보다 더 흥분되어 있었다. 그들은 그렇게 섬세한 색깔들을 만들 수 있다는 것을 처음으로 깨달았다.

물감 상자 한쪽에는 작은 병들이 있었다. 그 병에는 기름이 가득 차 있었다. 다른 쪽에는 작은 상자들이 있었다. 거기에는 흙으로 된 물감가루가 가득 차 있었다. 상자의 중앙에는 물감을 섞을 수 있도록 작은 그릇들이 일렬로 있었다. 뚜껑에는 낙타 털로 만든 붓이 여러 개 고정되어 있었다. 가는 붓, 두꺼운 붓, 그리고 중간 붓들이었다. 그것들은 아주 부드러웠다.

이제 소령이 말했다. "밥, 이제 네 색깔을 더 부드럽게 펴 봐라. 서로 다른 명암을 주어 조금씩 진해지게 하는 거야. 물로 반복해서 씻으면서. 하지만 반드시 종이가 마르고 난 뒤에 해야 한다."

바로 그 때 문빗장이 들리고, 콥 부부가 들어왔다. 그들은 빌과 어린 토마스가 침대에서 자지 않는 것을 보고 깜짝 놀랐다.

그러자 모두들 동시에 말을 했다.

"제가 빌과 토마스를 방에 보내지 않은 것을 용서해주세요." 소령이 콥 부인에게 말했다.

"엄마, 소령님의 잘못이 아니에요." 존이 말했다. "시계가 칠 때마다 제가 큰 소리로 질문을 해서 아무도 못들었어요."

밥은 삼각 모자를 집었다. 그는 기분이 좋아서 어쩔줄 몰랐다. "그건 모두 제 잘못이에요." 그가 말했다. "저희가 종이에 그림 그리는 것을 배우고 있었거든요. 다음에 또 와도 돼요?"

콥 씨 부부가 웃었다. 그 퀘이커 부부에게서 청교도적인 엄격함이라고는 찾아볼 수 없었다. "자주 오너라, 밥." 그들이 말했다. "소령님이 너와 존이 귀찮다고 하실 때까지 말이야."

"깜찍한 마틸다!"

밥은 소 베시의 젖을 다 짰다. 베시가 헛간의 반을 차지하고 있었고, 나머지 반은 밥의 작업실이었다

밥의 가구라고는 작은 선반 하나였고, 그 위에는 집에서 만든 물감을 넣은 병들이 있었다. 그 병들에는 밥이 직접 쓴 글씨로 이름표가 단정하게 붙어 있었다.

빨강: 베리 즙으로 만듦
노랑: 흙으로 만듦
파랑: 파란 재나무 껍질로 만듦
갈색: 호두 껍질로 만듦
까망: 구즈푸트 메이플 껍질로 만듦

이제 밥은 소 젖 짤 때 앉는 의자를 헛간 앞에 놓고 앉았다. 그는 한스 홀쩌의 농장을 그리려고 했다. 가는 펜으로 그린 도랑과 농기구들이 그럴듯하게 보였다. 그러나 하늘은 전혀 하늘 같지 않았다.

붓이 없으니 소령이 가르쳐준 것을 어떻게 연습할 수 있단 말인가! 그는 포플러 나무 판을 내려놓고, 실망해서 한숨을 쉬었다.

바로 그때 마틸다가 밥의 무릎에 뛰어올라 그의 어깨로 올라갔다. 긴 꼬리가 그의 얼굴을 스쳤다.

"아, 정말 부드럽다!" 밥이 말했다.

그는 마틸다의 털을 쓰다듬으며, 뭔가 새로운 눈빛을 띠었다. "깜찍한 마틸다!"

마틸다는 뭔가 낌새를 챈 듯 밥에게 눈을 껌벅했다. 그리고 꼬리 끝을 바짝 세웠다. "엉뚱한 생각 하지마." 그 고양이가 그렇게 말하는 것 같았다.

"털 조금 없어졌다고 해서 많이 불편하지는 않을 거야." 그가 보드라운 고양이 귀에 대고 속삭였다. "마틸다, 나는 부드러운 붓이 필요해. 한번 생각해보라구. 벤자민 웨스트도 고양이 털로 붓을 만들었다잖아."

마틸다는 의심쩍은 눈으로 그를 쳐다보더니 사라져버렸다. 그리고 벽난로 맞은편에 앉아서 자려고 했다.

"물론 붓 값은 줘야지." 밥이 웃었다. "베시의 우유에서 나온 노란 크림을 네게 줄게. 그리고 내 생선도 나눠줄게."

그는 마틸다의 꼬리 끝이 붓의 모양을 하고 있다는 것을 알았다.

때때로 닭 간도 주고, 네가 좋아하는 건 뭐든 줄게."

밥은 흥분에 넘쳐 작업에 들어갔다. 그는 마틸다의 꼬리 끝이 붓의 모양을 하고 있다는 것을 알았다. 그리고 세심하게 주의를 기울여 그 털을 잘랐다.

그는 마틸다의 꼬리 끝과 똑같은 모양으로 붓을 만들려고 노력했다.

"자, 마틸다! 아프지 않았지?" 밥이 물었다.

마틸다는 대답 대신 부엌문 쪽으로 뺑소니쳤다.

이제 밥은 자신의 머리에서 기다란 머리털을 뽑았다. 그것으로 작은 고양이 털 묶음을 단단히 감았다. 그리고 풀을 발라 그 털 뭉치를 거위 깃털 펜에 붙였다.

"야호!" 그가 소리쳤다. "누가 낙타 털 붓이 있어야 한다고 했지?"

그는 새로 만든 붓을 파란색 물감에 찍어 한스 홀쯔의 농장 위에 구름 한 점 없는 하늘을 그렸다.

저녁 내내 마틸다는 밥의 다리에 몸을 문질렀다. 마치 둘 사이의 비밀 협약을 상기시키려는 것 같았다. 식탁 위에서도 아래에서도 밥의 손에는 음식이 들려있었다.

일주일도 채 가기 전에 밥은 붓이 더 필요했다. 가는 붓,

두꺼운 붓, 중간 붓이었다.

마틸다는 이제 괴상한 모습으로 변해가고 있었다. 온몸의 털이 듬성듬성 뽑혀있었다.

곧 마틸다의 외모는 랭카스터 마을에서 유행처럼 번졌다. 그 마을 소년 소녀들이 그림 붓을 만들었던 것이다. 그리고 랭카스터의 고양이들은 13개 식민지주 전체에서 제일 괴상한 모양새의 고양이들이 되었다.

이상한 낚시 여행

안드레 소령의 미술 수업은 점점 횟수가 줄어들었다. 곧 그들은 수업을 중단해야 했다. 전쟁 전에도 종이는 흔치 않았는데 이제 전쟁이 시작되자 종이란 것은 구할 수가 없게 되었다. 소령은 종이 대신 자작나무 껍질이나 포플러 판자를 사용하려 하지 않았다. 그는 좋은 나무를 상하게 하고 싶지 않았다.

"언젠가는……." 그가 소년들에게 말했다. " 이 나라에 이 나무들이 필요하게 될 거야. 그러니까 내 캔바스가 다 헤어질 때까지 그걸 사용해라."

얼마 가지 않아 캔바스를 모두 사용했고, 미술 수업은

중단되었다.

풀턴 부인은 미술 수업이 하고 싶은 밥의 마음을 알았다. 그녀는 밥에게 실망감을 잊게 하려고 모험을 하게 하곤 했다.

"어머나 저런!" 어느 날 오후 어머니가 밥에게 말했다. "내 찬장이 텅 비었구나. 조개 국을 끓이면 정말 맛있을 텐데! 존 콥과 함께 가서 조개를 좀 잡아오련? 아브라함과 소녀들에게 베시 젖을 짜고 네가 해야 할 일을 대신 하라고 할 테니."

밥의 얼굴이 밝아졌다. 그는 번개같이 나가서 나무로 된 물통 두 개를 가져왔다.

"밥." 풀튼 부인이 그의 뒤에서 불렀다. "존에게 와서 저녁 먹자고 말해 봐라."

존은 신이 났다. 그는 존과 함께 가서 조개 입에서 진주를 발견했으면 하고 바랐다.

곧 두 소년은 코네스토가 시냇가의 해안에서 진흙탕을 헤치며 걷고 있었다. 물은 얼음처럼 차가웠지만 수정처럼 맑았다. 조개가 파고 들어간 홈은 쉽게 눈에 뛰었다.

두 소년은 금세 물통을 채웠다. 그리고 나서 강둑에 주

저 앉아 햇빛과 바람에 다리를 말렸다.

"조개 몇 개를 열어서 진주가 있나 보자." 존이 제안했다. "꼬챙이를 찾아올게. 어쩌면 진주를 한 주머니 발견할지도 모르지."

"쉬!" 밥이 속삭였다. 그는 조개 한 줌을 해안에 떨어트리고, 버드나무 뒤에 숨었다. 그리고 존에게 오라고 손짓을 했다. 존은 어리둥절했다. 그는 왜 숨어야 하는지 알 수가 없었다.

"굴 잡이 새들이 강둑에서 걸어 다니는 것 보여?" 그가 속삭였다.

"무슨 새들인데?" 존이 물었다.

"굴 잡이 새들 말이야! 아주 희귀한 새야. 저것들이 조개를 어떻게 하나 지켜 보자."

두 소년은 기다렸다. 존은 이렇게 하는 것이 몹시 지루하다고 생각하기 시작했다. 그 새는 기다란 분홍색 다리를 움직이며 계속 해안을 따라 걸어왔다. 존은 그 새가 어디로 가는 것 같지도, 무슨 흥미로운 행동을 하는 것 같지도 않았다.

그러자 갑자기 그것이 공중으로 날아오르더니 해안에

있는 조개들 바로 위에서 원을 그렸다. 마침내 그것은 아래를 향하여 직선으로 내려 오더니 날카로운 부리로 조개 껍질 사이를 쪼았다. 그리고 재빨리 살아 있는 조개를 꺼내 먹었다.

그리고 나더니 다시 하늘로 날아올라서 점과 같이 멀어졌다.

밥과 존은 서둘러 벌어져 있는 조개로 갔다. 그들은 조개 껍질 안쪽이 진주처럼 파란과 흰색으로 빛나는 모습을 보고 감탄했다.

"조개 껍질은 물감을 섞기에 딱 좋겠어!" 존이 말했다.

갑자기 밥이 소리쳤다. "존! 존! 조개 껍질에 그림을 그릴 수 있어. 오늘 밤에 시험해보자. 분명 성공할 거야. 그리고 소령님도 조개 껍질을 싫어하시지는 않을 거야!"

그 소년들은 조개가 든 물통을 집어 들고 집으로 경주를 하며 달려갔다. 그들은 풀턴 부인을 도와 조개를 씻었다. 그리고 그것을 국 냄비에 넣었다. 조개가 입을 벌리자 그들은 조개 살을 꺼냈다. 그들은 저녁 식사가 끝나기만을 초조하게 기다렸다.

두 소년이 식탁을 깨끗이 치우고 닦자 페기와 벨이 놀라서 어안이 벙벙했다.

마침내 그들은 물감을 섞었다. "우리 둘이 사용할 만큼 물감이 충분히 있어." 밥이 말했다.

"물감 섞는 기름은 어디 있어?" 존이 물었다.

"우유를 사용하면 돼." 밥이 대답했다. "특히 기름이 없을 때는 안성맞춤이야."

소년들이 그림을 그리는 동안 폴리와 아브라함이 구경을 했다. 밥의 그림이 재빨리 모양을 갖추었다. 그는 늘 관심 있던 것들을 그렸다.

"하지만 내 물감 상자를 잘 사용할 수 있는 사람들에게 남기고 가니 기쁘다."

"그건 디터 검프의 보트잖아?" 폴리가 소리쳤다.

"이 그림을 보여드려야지." 존의 그림은 모양을 알아보기가 쉽지 않았다. 그는 아이들에게 그것이 굴 잡이 새라고 설명해주어야 했다. 그림이 완성되자, 존과 밥은 그 조개 껍질을 들고 안드레 소령에게 가져갔다. 그들은 대단히 흥분해서 소령의 방으로 뛰어들어갔다.

소령은 편지를 쓰느라 바빴으나, 펜을 옆으로 치웠다. 그는 그 그림들을 자세히 살펴보았다. 그리고 몇 발짝 뒤로 물러서서 그것들을 보았다. "장래성이 보여." 그가 말했다. 그리고 진지한 표정으로 이렇게 덧붙였다. "나는 곧 떠날 거야. 하지만 내 물감 상자를 잘 사용할 수 있는 사람들에게 남기고 가니 기쁘다. 너희들에게 줄게."

한 동안 침묵이 흘렀다. 두 소년은 서로를 쳐다보았다. 그들은 무슨 말을 해야 할지 알 수 없었다.

존이 먼저 말을 했다. "밥의 그림은 훌륭해요." 그가 말했다. "밥은 자기가 본 것을 그대로 표현할 수 있어요. 저는 그 상자를 밥에게 주고 싶어요. 상자 전부를요."

그리고 그것을 밥의 손에 올려놓았다.

9.
나라를 위해서

 전쟁은 계속 되었다. 1778년이 되자 13개 주 식민지 전체에 전쟁이 확산되었다.

랭카스터 시는 하룻밤 사이에 변해버렸다. 남자들은 농장 일을 그만두고 훈련소로 모여 들었다. 그들은 낡고 녹이 슨 총을 들고 왔다. 그들은 몹시 서둘러 오느라 그것을 수리할 새가 없었다. 그들은 군대에 자원한 것이다.

새 총이 많이 필요했다. 매서 스미스를 비롯해서 대장장

정규군이 아닌 민병대는 무기와 옷을 스스로 마련했다.

이들은 해야 할 일이 너무 많아 감당할 수가 없었다. 그들은 더 많은 사람들을 고용해서 일을 가르치는 한편 호기심으로 몰려드는 구경꾼들 때문에 대장간 주변에 경계선을 만들어 막아야 했다.

무장한 경비가 대장간 입구를 경호했다. 입구에 이런 간판을 붙였다.

외부인 출입 금지

물론 어린 밥 풀턴은 예외였다. 대장장이들은 모두 밥을 환영했다. 그는 열두 살밖에 안 됐지만 머릿속에 아이디어가 가득했다. 그리고 그의 아이디어는 성공했다. 그가 총에 대해 새로운 아이디어를 제안하면, 어른들은 그 말을 듣고 존중해주었다.

대장장이들이 놀란 것은 이런 것이었다. 밥이 낡은 총을 가지고 작업대로 가서 직접 만든 연필을 꺼내어 총을 스케치했다. 그는 세 가지에 주의를 기울였다. 총 구멍의 크기, 총알의 무게, 그리고 시험결과 얻은 화약의 성능. 그리고 나서 그 총이 얼마나 멀리 쏠 수 있는 지를 종이에 기록했다. 어른들이 총을 시험해보면, 밥의 숫자가 정확하게 맞았다.

나이 든 대장장이가 놀라서 고개를 흔들었다. "이건 분명 마술이야!" 그가 말했다.

밥은 평생 그렇게 바쁜 적이 없었다. 그렇게 행복한 적

그가 총에 대해 새로운 아이디어를 제안하면, 어른들은 그 말을 듣고 존중해주었다.

도 없었다. 그는 새로 온 수습공이 자신을 가리켜 "퀵실버 밥"이라고 놀려도 개의치 않았다.

그들은 밥이 약방에 가서 퀵실버라고 불리는 수은을 사오는 것을 보았다. 그러나 밥이 그 수은으로 무슨 실험을 하는지 설명해주지 않자, 약이 올랐다.

곧 대장장이들도 그 별명을 사용했다. 그러나 대장장이들이 그렇게 부르자 밥의 귀에는 달콤하게 들렸다.

"딱 맞는 별명이야." 대장장이 매서 스미스가 새로 온 일꾼들에게 말했다. "밥은 여기에 오면 날쌔게 움직이거든. 마치 '날쌘 은'처럼!"

해가 떠서 해가 질 때까지 대장간에서는 작업을 계속했다. 밥은 아침에 학교 가기 전에 일했고, 학교에서 돌아와서 저녁마다 일했다. 심지어 일요일에도 하루 종일 일했다.

전쟁이 있기 전에는 랭카스터 사람들은 일요일이면 요리도 하지 않았었다. 그러나 이제 모두들 일요일을 분주한 날로 삼았다. 그날은 오히려 자유를 쟁취하기 위해서

수습공: 직업 인 밑에서 일을 하면서 배우는 소년
퀵실버: quick (재빠른) silver (은)

특별히 일을 더 많이 하는 날이었다.

조지 워싱턴 장군은 뉴욕에서 영국군을 몰아내기 위해 총이 더 많이 필요하다고 했다. 젊은 대령 조지 로저스 클락은 오하이오와 미시시피 계곡에서 영국군을 몰아내기 위해 총이 더 필요하다고 했다. 대장장이는 그 주문을 다 공급할 수가 없었다.

전투는 계속되었고, 정부에서 내려오는 총과 화약 주문은 산더미 같이 쌓였다. 그리고 날마다 농부와 나무꾼들이 더 많은 무기를 가져왔다. 장총, 다람쥐 잡는 총, 심지어 권총까지 가져왔다.

그럼에도 불구하고 싸움에 나가는 사람들에게 필요한 총이 충분하지 않았다.

밥은 자신이 다른 어느 군인보다 더 중요하다고 느꼈다. 그는 낡은 장총을 수리하고, 새로운 총을 설계했다. 그는 총알을 주조하는 틀을 만들고 총알도 만들었다.

납이 점점 귀해지자 그는 집집마다 돌아다니며 백랍 그릇을 수집했다. 그가 얼마나 열성적으로 호소했던지, 가정주부들은 그에게 백랍으로 만든 찻잔 세트, 촛대, 항아

백랍: 납과 주석의 합금

리 등을 주었다.

여자들마다 이렇게 말했다. "이걸 가져가면 총알을 더 만들 수 있을 거야. 그러면 우리 아들이 더 빨리 집에 돌아오겠지."

새로 온 수습공

어느 일요일 이른 아침, 밥은 평소와 다름 없이 대장간에 일찍 출근했다. 새로운 수습공이 문간에서 그를 맞이하며 그에게 구식 머스켓 총을 건네주었다. 그 소년은 다른 수습공들보다 더 나이가 많았고 더 조용했다. 밥은 그를 한번도 본 적이 없었다.

"네가 시키는 대로 내가 해머 부분을 바꿨어." 그가 말했다. "대장장이 매서 스미스가 그것을 시험해보라고 하셨어. 오늘 저녁이면 그 총으로 잡은 꿩 고기를 구워먹을지도 모르지."

밥은 그가 총을 건네줄 때 왜 그의 손이 떨리는지 의아해했다.

"아마 새로 와서 떨리나 봐." 밥이 생각했다. 그리고 화약이 든 뿔을 어깨에 둘러메고 언덕을 향해 출발했다.

맑은 3월 어느 날이었다. 밥은 깊이 숨을 들이쉬었다. 공기는 신선하고 깨끗하고 따스했다.

그는 언덕을 올라가며 온 힘을 다해 "양키 두들"을 휘파람으로 불었다. 갑자기 그가 노래 중간에 멈추었다. 통통한 다람쥐가 이 나무에서 저 나무로 정신 없이 건너뛰어 다니고 있는 것을 보았다. 그것을 맞추려면 상당히 기술이 좋아야 한다.

밥은 총을 들어 조준을 하다가, 갑자기 무언가 총열 부분이 이상하다는 것을 눈치챘다. 둥근 나무조각이 밖으로 삐죽 나와 있었다.

밥은 이제 다람쥐에 대해서는 까맣게 잊어버렸다. 그는 나무조각을 집어서 꺼냈다. 그리고 총을 유심히 관찰했다. 그는 믿을 수가 없었다. 그는 총을 뒤집어 더 자세히 관찰했다.

"이런 세상에!" 그가 숨을 내쉬었다. "총열에서 화약까지 구멍이 뚫려있잖아!. 그리고 이 나무조각으로 그걸 막아놨어."

양키두들: 미국 독립전쟁 때 즐겨 부른 애국적인 노래
총열: 총알이 나가는 방향을 결정하는 긴 원통 부분

그의 무릎에 힘이 쫙 빠졌다. 만일 그가 그 머스켓 총을 쏘았더라면, 그 나뭇조각이 그의 눈으로 발사되었을 것이다.

그는 몸을 떨면서 웃었다. "어쩌면 내가 화약과 총알을 쑤셔 넣을 때 이 나무 조각이 삐져 나왔나봐." 그가 심각하게 말했다.

그는 그 나뭇조각을 주머니 속에 넣었다. 그리고 무거운 머스켓 총을 든 채 최대한 빨리 달려 가장 가까운 대장간으로 갔다.

1.5킬로미터 정도 가면 밀 크릭 개울 가에 윌리엄 헨리의 대장간이 있었다.

"안녕, 퀵실버 밥." 인부들이 인사를 했다.

아무도 그에게 묻지 않았다. 그들은 그가 아무 때고 들어와서 한 시간 정도 일을 하다가 나가는 데 익숙해져 있었다.

밥은 조심해서 일을 했다. 그는 쇠로 된 플러그를 만들어서 총열의 구멍을 메꾸었다.

정오가 되자 총열이 새 것처럼 잘 정비되었다. 이제 그는 안전하게 총을 쏠 수 있게 되었다.

"새로온 저 수습공을 단단히 감시해야 합니다."

그는 진지한 표정으로 다시 언덕을 향해 떠났다. 그리고 단단히 결심을 하고는 사냥을 시작했다.

이윽고 밥이 해를 바라보았다. 마치 지평선을 정확하게 둘로 나눈 듯이 보였다. 그는 가방을 보았다. 그의 얼굴에 만족스러운 미소가 퍼졌다. 그는 서둘러 매서 스미스 대장간으로 갔다. 대장장이뿐 아니라 수습공 두 명이 아직도 일을 하고 있었다.

새로운 수습공은 작은 공책에 기록을 하고 있었다. 그는 밥을 보자 그 책을 떨어뜨렸다. 얼굴이 거의 초록빛으로 변했다. 마치 유령을 본 얼굴이었다.

게다가 밥이 방금 잡아온 다람쥐 세 마리, 토끼 두 마리, 통통한 꿩 한 마리를 들어보이자, 두 눈이 접시만큼 커졌다. 밥이 웃었다.

"해머 잘 고쳤는데!" 밥은 마치 아무 일도 없었다는 듯 이렇게 말하고 돌아섰다.

그리고 매서 스미스를 불러냈다. "무슨 영문인지는 잘 모르겠지만, 새로온 저 수습공을 단단히 감시해야 합니다." 그는 그날 있었던 자초지종을 설명했다. 매서 스미스가 즉시 그 수습공을 불러 다그치자, 그가 사실을 털어놓았다. 알고보니 그는 영국군 첩자였던 것이다.

그날 저녁 식사는 늦었다. 그러나 가족들은 밥을 기다린 보람이 있었다.

"엄마, 이 꿩은 특별히 맛있어요." 밥이 말했다.

풀턴 부인은 밥이 요리에 대해 칭찬을 하자 기분이 좋았다. 그녀는 밥이 얼마나 위험천만하게 목숨을 구했는지 전혀 알지 못했다. 그리고 바로 그날 오후 밥이 첩자를 잡았다는 사실도 알지 못했다.

10.
불꽃놀이

   밥은 아이들이 약초를 말리고 있는 다락을 향해 소리쳤다. "페기! 벨! 폴리! 아브라함! 이리 내려와서 이것 좀 봐!"

아이들은 올망졸망 계단을 타고 내려왔다. 흥분한 바람에 서로 부딪힐 뻔했다.

"뭔데? 뭐야?" 그들이 소리쳤다.

밥이 양초 상자에 반쯤 타다 남은 양초를 가리켰다. "이것 봐. 모두 열아홉 개야!" 그가 소리쳤다. "그리고 3일만 지나면 7월 4일 독립기념일이야!"

폴리가 식탁 주변을 돌며 춤을 추었다. "그럼 이걸 가지고 창문마다 촛불을 올려 놓을 수 있겠어!"

"바깥에도 놓을 수 있겠어." 벨이 덧붙였다.

아브라함도 마음이 들떴다. "아, 나는 명절 중에 7월 4일이 제일 좋아."

"왜?" 밥이 물었다.

"왜냐하면 재미있고 시끄러우니까. 종소리가 울리고, 총도 쏘고. 북과 나팔 행진도 하고. 그리고 밤에는 촛불 소리도 나고."

"촛불이 무슨 소리를 낸다고 그래." 폴리가 말했다.

"소리를 내!" 아브라함이 고집을 피웠다. "촛불은 식식거리고, 시끄러운 불빛을 내잖아."

모두 웃었다. 아브라함은 어떻게든 논쟁에서 이기는 법을 알고 있었다.

"올해 7월 4일은 더 신 나는 날이야." 밥이 말했다.

"왜?" 아브라함이 물었다.

"왜냐하면 우리나라 생일이니까." 폴리가 대답했다.

"우리나라가 몇 살인데?" 아브라함이 물었다.

"우리나라는 이제 딱 두 살 됐어. 그리고 우리가 전쟁에

이기고 있어!" 밥이 설명했다.

"그러니까 안성맞춤이야." 페기가 어른처럼 말했다. "만일 이 양초를 둘로 나눌 수 있다면, 그러면 우리 양초를 밖에서 잘 보이는 곳에 놓을 수 있을 텐데."

"맞아!" 다른 아이들이 소리쳤다. "둘로 나눠! 둘로 나눠!"

"나도 그렇게 하려던 참이야." 밥이 말했다.

"양초 토막만 사용해야 한다." 풀턴 부인이 말했다. "수지가 무척 귀하단다. 기다란 양초 네 개를 태울 수는 없어." 그녀가 미소를 지었다. "곧 이 양초상자를 보물상자라고 불러야 할 거야. 어쩌면 특별한 날 외에는 양초를 켜지 못하게 될 수도 있지."

양초 끝을 둘로 나누는 것은 절대 쉬운 일이 아니었다! 어떤 것은 너무 짤막했다. 어떤 것은 뜨거운 날씨 때문에 휘었다. 어떤 것은 갈라졌다. 그러나 밥이 얼마나 적절하게 나누었던지, 아무도 불평을 하지 않았다. 각각의 아이들은 촛불을 놓을 가장 좋은 자리를 물색하기 시작했다.

작년 7월 4일 이후, 아이들은 일 년 내내 양초를 모았

수지: 양초 만드는 기름

다. 그들은 대게 촛불을 켜지 않고 잠자리에 들어갔다. 다락에 걸어놓은 마른 약초 꾸러미들이 달빛에 비쳐 무섭게 보였다. 아브라함은 밥에게 바싹 붙어서 잤고, 폴리는 두 언니를 꼭 안고 잤다.

"7월 4일까지 양초를 얼마나 많이 모을 수 있는지 한번 생각해 보라구!" 아이들이 어둠 속에서 잠자리에 들 때면 밥이 이렇게 격려를 했다.

양초를 아끼기 위해 책을 읽을 때도 벽난로 불가에서 읽었다. 이제 양초를 아낀 보람이 있는 것 같았다. 풀턴 아이들이 각각 양초를 세 개씩이나 모았기 때문이다!

"다섯 쌍의 눈동자가 촛불보다 더 반짝이는구나!" 풀턴 부인이 말했다.

집회소 문에 붙은 공고문

이제 아이들은 다섯 방향으로 제각각 흩어졌다. 7월 4일까지 각자의 양초를 숨겨놓으려는 것이었다.

밥은 양초를 들고 헛간으로 갔다. 그가 선반 위에 그것을 올려놓으려는 순간, 찢어지는 휘파람 소리가 들렸다. 그는 헛간 문 사이로 내다보았다.

"아, 크리스." 그가 불렀다. "어서 와. 요즘 며칠 동안 대장간에 못 갔어."

크리스는 크리스토퍼 컴프로, 매서 스미스 대장간에서 일하는 사람의 아들이었다.

"뭐 보여줄 게 있어. 따라와 봐." 크리스가 말했다.

"근데 표정이 왜 그래?" 밥이 물었다. "곧 독립기념일이 다가오잖아. 기운을 내라구."

크리스는 7월 4일이란 말을 들은 체도 안했다.

밥은 크리스와 보조를 맞추기 위해 거의 뛰다시피 해야 했다. 크리스는 나이도 더 많았고 다리도 더 길었다.

발꿈치를 들고 서서 문에 붙어 있는 공고문을 읽었다.

"어디 가는데?" 밥이 물었다.

크리스는 대답이 없었다. 그는 더욱 빨리 걷기만 했다. 마침내 그가 앞에 보이는 집회소를 가리켰다.

남자와 소년들이 흥분해서 문 앞에 모여 있었다. 밥이 군중 속에 끼어들어 갔다. 그리고 발꿈치를 들고 서서 문에 붙어 있는 공고문을 읽었다.

덥고 양초가 점점 귀해지기 때문에 위원회는
주민들에게 7월 4일에 양초 태우는 것을 삼
가하도록 권유합니다.

비서 티모시 매틀랙
1778년 7월 1일

밥과 크리스는 할 말을 잃었다. 그들은 너무 실망해서 아무 말도 없이 집으로 걸어왔다. 그들은 일년 내내 독립기념일을 고대해왔다. 전쟁 때문에 명절이라고는 거의 없었던 것이다.

그날 밤 아이들이 모두 잠든 후 밥은 어두운 사다리 계단을 내려왔다.

공고문: 주민들에게 알리는 내용을 쓴 문서

풀턴 부인은 문간에 앉아 시원한 저녁 공기를 쐬고 있었다.

"엄마!" 밥이 어머니 옆 계단에 앉으며 말했다. "아브라함과 아이들에게 촛불을 켤 수 없다고 말씀하셨어요?"

"아니. 도무지 말을 못하겠구나."

"엄마, 한 가지 부탁드릴 게 있어요."

"뭔데?"

"양초 토막을 화약과 바꿔도 되나요? 화약을 구하면 불꽃놀이를 할 수 있어요. 양초보다 백 배나 더 밝고 훨씬 더 아름다워요."

한참 동안 대답이 없었다. 달을 향해서 노래하는 새소리만 들렸다.

마침내 풀턴 부인이 말했다. "네가 화약으로 일을 하지 않았다면 안 된다고 했을 거다. 하지만 너를 믿는다. 나이는 어리지만 너는 잘 해낼 수 있어. 가서 불꽃놀이 준비를 해라. 하늘을 환하게 비춰. 하지만 정말, 정말 조심해야 한다!"

밥은 기뻐서 마음속으로 재주 넘기를 했다. 13개 주 식민지 전체에서 자기 어머니가 최고로 좋은 어머니임이 틀림없었다. 실은 어머니가 허락해주리라고 기대도 하지 않았던 것이다.

다음 날 아침 식사 시간에 그는 자기 계획을 말했다. 풀턴 아이들은 모두 흥분했다.

그리고 다섯 군데의 비밀장소에서 양초를 모두 꺼내왔다. 모두 합하니 양초토막 열 다섯 개였다.

양초 상자를 겨드랑이에 끼고 밥은 서둘러 피셔 씨를 찾아갔다. 피셔 씨는 솥을 만드는 사람인데, 여가가 나면 화약을 만들었다.

밥은 피셔 씨의 작업대 위에 양초 토막 열다섯 개를 올려 놓았다.

"화약과 바꾸고 싶어요." 그가 말했다.

피셔 씨는 놀라서 고개를 흔들었다. "이 양초를 기꺼이 팔겠다는 말이냐?"

"네. 정부에서 독립기념일에 양초를 태우지 말라고 했어요. 그래서 저는 불꽃놀이를 하려고 해요."

"하지만 너같은 어린 소년이 어떻게 그것을 한단 말이냐?" 아저씨가 자상하게 물었다.

"불가능이란 없습니다." 밥이 미소를 지었다. "두고 보세요. 7월 4일날 제가 만든 불꽃이 하늘 높이 올라갈 테니까요."

그리고 그는 피셔 씨가 화약의 무게를 다는 동안 기다렸다.

"조심해야 한다." 피셔 씨가 주의를 주었다.

이제 밥은 코사트 씨가 경영하는 잡화점으로 갔다. 거기서 네 종류의 가루를 샀다. 불꽃을 빨강, 노랑, 초록, 파랑으로 만들기 위한 것이었다. 두꺼운 판지도 샀다.

코사트 씨가 판지를 말기 시작했다.

"그 종이를 말지 말아 주세요!" 밥이 말했다. "불꽃 놀이용 튜브를 만들 거예요."

코사트 씨의 입이 떡 벌어졌다. "네가 불꽃놀이를 한다고? 그건 불가능해." 그가 말했다. "그러려면 특별한 기구가 필요해."

"불가능이란 없어요." 밥이 미소를 지었다. "7월 4일날 하늘을 쳐다 보세요."

"다음 토요일까지는……." 밥이 소에게 말했다. "너를 들판에 데리고 가서 젖을 짤 거야. 그곳이 더 안전할거야. 나는 헛간이 전부 필요하고, 너를 놀라게 하고 싶지도 않거든."

불꽃놀이

밥은 아침 내내 일을 했다. 풀을 끓였다. 그 풀을 화약에 섞어 반죽을 만들었다. 그 풀을 네 덩어리로 나누었다. 그리고 각각의 덩어리에 물감 가루를 섞었다. 그리고 나서 로켓을 만들어, 판지로 만든 원통에 끼워 넣었다.

마침내 7월 4일이 되었다. 해가 넘어갔다. 기념 행렬도 끝났다. 저녁을 먹고 그릇을 모두 치웠다. 집안일을 마쳤다.

이제 사람들은 집에서 나와 산책을 하며 마을의 들판으로 걸어갔다. 그들은 옹기종기 무리 지어 나무 밑에 앉았다. 그들은 전쟁과 기념행렬과 날씨에 대해서 얘기했다.

각각의 무리마다 누군가 이렇게 말했다. "양초를 피우지 못하게 하다니 정말 아쉬워. 촛불이 없으면 7월 4일 기분이 나지 않는단 말이야."

아무도 초원의 한쪽 구석에서 어스름한 그림자가 움직이는 것을 눈치채지 못했다.

갑자기 피시식 소음이 일더니, 깜깜한 하늘에 빨간색 불이 번쩍 빛났다.

사람들은 놀라서 숨을 멈추었다. 어떤 사람들은 겁을 냈다. 그들은 이 세상이 끝나는가 보다고 생각했다. 어떤 사람들은 영국군들이 그 마을을 공격했다고 생각했다. 그러나 피셔 씨와 코사트 씨가 밥이 무엇을 사갔는지 이야기했고, 그 말이 이 무리에서 저 무리로 옮겨졌다.

하늘은 점점 더 찬란한 빛을 냈다. 빨간 불꽃, 초록 불꽃, 노란 불꽃, 파란 불꽃이 드넓은 하늘을 가로질러 날아갔다. 그 불빛에 비하면 별과 달이 오히려 작고 희미해 보였다.

갑자기 집회소 탑에서 종소리가 울렸다. 땡! 땡! 땡! 땡! 아, 종소리가 은은히 울려 퍼졌다. 그리고 불꽃이 춤을 추며 하늘을 날아갔다.

마침내 종소리가 멈추었다. 불꽃도 사라졌다.

이제 군중에게서 거대한 탄성소리가 나왔다. 남자들의 묵직한 목소리가 들렸다. 여자들과 아이들의 높은 목소리가 들렸다. 그 소리는 점점 커져서, 온 땅이 흔들리는 것 같았다.

밥은 웃었다. 그는 아브라함과 폴리의 목소리를 들은

것 같았다.

　박수소리가 귀를 멍멍하게 만들었다. 풀턴 부인만이 조용히 감사를 드렸다. 그러나 한 가지만은 분명했다. 군중은 미국의 두 번째 생일만을 환호하는 것이 아니었다. 그들은 밥 풀턴이라는 어린 재주꾼에게 환호를 보내고 있었던 것이다.

11.
낚시 가는 날

크리스의 아버지, 디터 검프는 밥의 소매를 잡고 한쪽 옆으로 끌어당겼다.

밥은 막 매서 스미스 대장간의 활짝 열린 문 안으로 들어가려던 참이었다. 그 때는 1779년 4월의 아침이었다. 일꾼들은 아직 아무도 대장간에 나타나지 않았다. 대장장이 아저씨만이 일과를 시작하기 위해 준비를 하고 있었다.

"이것 좀 봐라." 검프 씨가 나무에 달려있는 보드라운 초록 이파리들을 가리키며 말했다. "봄이 왔어. 디터 검프가 낚시를 가는 계절이지. 너와 내 아들 크리스는 열심히 일했어. 나도 열심히 일했지. 이번 토요일 내가 너를 놀래켜 주겠다. 너희 둘을 데리고 코네스토가 강에 가서 낚시를 할 거야."

검프 씨는 유명한 낚시꾼이었다. 밥은 언젠가는 그를 따라서 낚시를 갈 수 있기를 늘 바라왔다. 벌써 그의 머릿속에는 노란 송어가 미끼를 꽉 무는 그림이 떠올랐다. 그리고 마을 사람들에게 보란 듯이 물고기를 한아름 잡아서 돌아오는 상상을 했다.

그때 그의 눈에는 가지런히 쌓여 있는 총이 보였다. "아직도 수리해야 할 총이 저렇게 많은 걸요." 그가 말했다. "대장장이 아저씨가 도움이 필요할 거예요."

마침 대화를 듣고 있었던 대장장이가 성큼성큼 두 발짝 걸어왔다.

"군인들도 휴가를 가는데." 그가 소년을 내려다보고 미소를 지었다. "토요일에 낚시를 가거라. 명령이다! 너와 크리스, 그리고 검프 씨."

"아, 그렇게 하기를 원하신다면!" 그는 가벼운 마음으로 대장간 바닥을 빗자루로 쓸기 시작했다.

4일만 지나면 토요일이다. 그러나 낚시를 가고 싶은 소년에게 그것은 마치 4주, 아니 4개월 같았다.

끝없는 집안일!

마침내 그날이 되었는데, 그 날은 간혹 봄에 이상 기온이 생기는, 몹시 더운 날이었다.

밥은 새벽빛이 어슴푸레 비치기 시작할 때 이미 일어나 있었다. 그는 신속하게 집안일을 진행했다. 난로 안의 재를 쓸어내고, 불을 더 크게 지폈다. 하루 종일 사용할 만큼의 장작을 가지고 왔다. 재빨리 느릅나무 가지를 몇 개 묶었다. 그리고 불을 붙여서 벽돌 오븐 속에 집어넣었다.

그 가지들은 마른 지푸라기처럼 말라 있었다. 그것은 금세 파다닥 거리며 밝은 불꽃을 내며 탔다.

밥은 묵직한 오븐 문을 닫았다.

"마틸다." 그가 오븐 옆에서 졸고 있는 고양이에게 말했다. "어머니가 인디언 귀리 빵을 만드실 거라면, 오븐은 이미 뜨겁게 달궈져 있다고 말씀 드려!"

그는 마틸다의 작은 그릇에 우유를 따라 주고, 미끌미끌한 털을 쓰다듬었다.

그 다음 그는 마을 우물에 가서 물동이 두 개를 채웠다.

"네 털에서 붓 여덟 개가 나왔다고 하면 도대체 누가 믿으려고 하겠어!" 그가 말했다.

그 다음 그는 마을 우물에 가서 물동이 두 개를 채웠다.

그가 돌아오자, 풀턴 부인과 자매들이 부엌에서 부산하게 움직이고 있었다.

"어머나!" 풀턴 부인이 밥에게 말했다. "잠을 제대로 자기나 한 거니? 이렇게 아침 일찍 어떻게 이 모든 일을 다 끝내 놓은 거니?"

그녀는 부엌을 둘러보고는 대견하다는 표정을 지었다. "모든 게 말끔하게 정돈되어 있구나! 벽난로 재는 다 쓸었고, 장작 통도 가득 찼고. 마틸다는 아침을 먹었고. 물동이도 가득 찼고, 오븐도 데워 놓았고."

밥이 오븐 안을 빠끔히 들여다보았다. 가지는 보이지 않고 숯과 재만 남았다. 그는 그것을 쓸어 통에 버렸다. 그리고 오븐 바닥에 양배추 잎을 깔아 빵에 잿가루가 묻지 않게 했다.

아브라함은 언제든지 적시에 나타나는 법을 알고 있었다. 그는 인디언 귀리 빵 반죽을 손잡이가 긴 주걱에 올려서 오븐에 넣는 일을 좋아했다. 그리고 그는 돌아서서 누나들의 노래에 가담했다.

"잠꾸러기 아브라함!

잠꾸러기 아브라함!"

밥은 너무 흥분해서 아침을 제대로 먹을 수가 없었다. 오히려 아침 식사 보다는 어머니가 챙겨 주시는 도시락에 더 관심이 많았다.

어머니는 먼저 삶은 계란과 소금 조금 싼 것을 넣었다. 그리고 옥수수 빵에 사과 버터를 바른 샌드위치를 넣었다. 쿠키와 도넛을 넣고 물병에 사과 주스도 넣었다.

어머니가 도시락을 다 챙겼나 싶을 때, 새로 구운 루밥 파이 세 조각을 넣어주시는 게 아닌가!

"밥." 풀턴 부인이 말했다. "오트밀을 모두 먹고 우유를 모두 마셔라. 아침을 든든하게 먹어야 해."

그리고 단숨에 이렇게 말했다. "폴리, 지하실에 가서 양배추 한 개 가져오렴. 풀잎에 거미줄이 붙어 있는 걸 보니, 오늘은 해가 몹시 더운 날이야. 샌드위치를 양배추 잎에 싸서 신선하게 보관해야겠다."

"밥이 나를 빼놓고 가려는 거야." 아브라함이 뾰로통해졌다. "하지만." 그가 키득키득 웃었다. "벌레를 잡게 해주기만 한다면 괜찮아. 어차피 벌레 잡는 게 낚시보다 더 재미있으니까."

밥도 벌레 잡는 것을 좋아했다. 그것은 낚시에서 빼놓을 수 없는 즐거움이었다. 커다란 물고기를 낚는 것보다는 못하지만, 무척 재미있는 일이었다. 그리고 헛간 근처에 벌레가 많이 숨어 있는 곳도 알고 있었다.

밥은 아브라함에게 "안 돼, 내가 할 거야."라고 말할 수도 있었다. 그러나 음식이 잔뜩 든 도시락 통을 보며 오늘 얼마나 재미가 있을까 라는 생각을 했다.

"그래. 네가 벌레를 잡아 줘." 그가 말했다. "하지만 빨리 해. 검프 씨를 기다리게 하면 안 되니까. 검프 씨는 항상 아침 일찍 출발하시거든."

미소를 짓던 밥의 눈이 풀턴 부인의 눈과 마주쳤다. "집안일 한 가지만 더 하고 가라." 그녀가 말했다. "재 통이 가득 찼으니까."

재 통이 가득 찼다니!

밥이 한숨을 쉬었다. 일 년에 재 통을 버리는 일은 세 번, 아니면 네 번 밖에 없었다. 그런데 왜 하필이면 오늘 그것을 해야 한단 말인가!

그는 온 힘을 다해 빠른 속도로, 동시에 재를 흘리지 않도록 조심을 하면서, 재 통의 재를 삽으로 펐다. 재는 양초만큼이나 귀한 것이었다. 그것으로 비누를 만들기 때문이다.

이제 재 통이 깨끗하게 비었다. 갈 준비가 되었다. 그는 재빨리 부엌을 둘러보았다. 빼놓은 집안일은 하나도 없었다.

낚시

코네스토가 강까지는 3킬로미터가 넘었지만, 밥은 거의 쉬지 않고 달려갔다. 그가 달리자 낚싯대가 슝슝거렸다.

사과 주스가 병 속에서 꿀렁꿀렁거렸다. 오직 벌레 통만 아무 소리 없이 잠잠했다.

강까지 한 반쯤 왔을 때 학교 선생님 칼렙 존슨이 오고 있었다. 선생님은 그의 낚싯대를 보더니 못마땅한 표정을 지으며, 그의 도시락을 쳐다보았다. "게으른 자는 먹지도 말아라!" 그가 말했다.

그리고 그는 밥이 일을 하느라 손이 벌겋게 때가 묻은 것을 알아챘다. 그러자 헛기침을 했다. "물고기를 많이 잡는 축복을 받기를, 로버트!" 그리고 밥이 고맙다고 인사를 하기도 전에 코를 휭 풀더니 갈 길로 가버렸다.

밥이 집회소 앞에 도착해보니, 아무도 없었다. 검프 씨의 작은 보트는 아직 맹꽁이 자물쇠로 나무둥치에 묶여 있었다.

밥은 강둑에 드러누워 소매로 이마의 땀을 닦았다.

그는 오랫동안 거기 누워 물이 보트에 찰랑찰랑 부딪히는 소리를 듣고 있었다. 날은 벌써 몹시 더워지고 있었다.

갑자기 그는 크리스의 휘파람 소리와 검프 씨가 열쇠를 찰각거리는 소리를 들었다.

그가 벌떡 일어섰다. "안녕하세요!" 그가 소리쳤다.

검프 씨는 열쇠를 맹꽁이 자물쇠에 제대로 넣지를 못하고 있었다. 낚시를 떠나고 싶어 안달이 났기 때문이다.
"하룻밤 사이에 여름이 됐지 뭐냐!" 그가 씩씩거렸다.
낚시꾼 세 명은 보트에 앉아 도시락과 벌레 통을 자리 밑에 잘 넣었다. 드디어 낚시 여행이 시작된 것이다!

12.
물살을 거슬러 올라가기

디터 검프 씨의 배에는 노가 없었다. 그 대신 끄트머리에 뾰족뾰족 못이 박힌 장대가 있었다.

검프 씨는 그 장대를 밥에게 주었다. "먼저 네 차례야." 그가 말했다. "물살을 조금 거슬러 올라가면 훌륭한 낚시터가 있지. 거기 있는 물고기들은 항상 미끼를 잘 문단 말이야. 이제 퀵실버 밥이 그 이름에 걸맞게 보트를 재빨리 움직이는지 한번 보자." 그가 커다란 소리로 웃었다.

밥은 장대를 강물 바닥에 꽂고는 힘주어 보트를 밀었다.

"이제 기슭을 빠져 나왔어요!" 그가 소리쳤다.

물은 보트 옆으로 물방울을 만들며 밀려났다. 산들바람이 상쾌했다.

처음에는 힘든 노동이 재미있었다. 밥은 마치 개선장군처럼 느꼈다. 그는 온 힘을 다해 물살을 잘 따라서 거슬러 올라가며 즐거워했다.

그러나 그가 낚시터에 도착할 때쯤에는 모든 즐거움이 사라졌다. 그는 기운이 빠져서 축 늘어져 있었다.

그는 천천히 벌레 통을 집었다. 진흙 속에 묻혀 있는 벌레를 찾아서 꿈틀거리는 놈 한 개를 꺼냈다. 그리고 낚시 바늘에 꽂았다.

그는 천천히 낚싯대를 물 속에 던졌다.

디터 검프 씨는 부싯돌과 불쏘시개가 들어있는 통을 꺼내서 옹기로 만든 담배 파이프에 불을 붙였다. 그는 자리를 잡고 앉아서 첫 번째 물고기가 미끼를 물기를 기다리고 있었다.

크리스는 늪지에서 자라는 풀을 이빨로 질겅질겅 씹으며 물고기가 물기를 기다리고 있었다.

밥은 잠이 들려고 했다.

갑자기 검프 씨가 그를 흔들었다. "낚싯대를 물에서 꺼내라." 그가 말했다. "다른 곳으로 가자. 여기보다 더 좋은 곳이 있지. 이번에는 크리스가 보트를 저을 거야."

크리스가 한숨을 쉬었다. "아빠, 저 보트를 움직이느니, 거꾸로 나무에 올라가는 게 더 빠르겠어요. 여기서 계속 있으면 안 돼요?"

크리스는 더 이상 논쟁하지 않았다. 그는 온몸의 무게를 장대에 얹었다. 천천히 보트가 움직이기 시작했다. 그들은 가지런한 농장을 지나갔다. 거기에는 대마와 홉이 마치 머리빗처럼 일직선으로 심어져 있었다. 그들은 야생 벚꽃 나무에 꽃이 만발한 언덕을 지나갔다.

그들이 너무 천천히 지나갔기 때문에, 강둑에 있던 아이들이 내려와서 말을 걸었다.

이제 강기슭은 점점 더 늪지로 변했다. 버드나무 가지가 물 위에 늘어져 있었다.

"여기다!" 디터 검프가 소리쳤다. "여기서 낚시를 하자. 물고기를 잔뜩 잡을 수 있을 거야!"

크리스의 얼굴은 새빨개져 있었다. 그는 모기를 잡으려고 이마를 탁! 때렸다.

"시끄럽게 굴지 마라!" 디터 검프가 소리쳤다. "너희는 마치 옥수수 수염처럼 안절부절못하는 구나. 그러니 어떻게 물고기를 낚겠어."

디터 검프의 얼굴도 점점 붉어졌다. "사람들이 댐을 너무 많이 지었어." 그가 화를 내며 말했다. "물고기가 점점 죽어가고 있어." 그는 초조하게 담배를 뻐끔거렸다. "밥!" 그가 얼른 말했다. "조금 더 상류로 올라가자. 다시 네가 저을 차례야. 일어나라! 보트를 밀어!"

밥은 장대를 기울여서 강 바닥에 꽂았다. 그는 온 힘을 다 쏟아서 겨우겨우 보트를 물살 한 가운데로 내보냈다.

밥은 장대를 강물 바닥에 꽂고는

이제 버드나무 그늘에서 나와 태양이 이글거리는 곳으로 왔다. 뜨거운 햇살이 마치 가시처럼 밥의 피부를 따갑게 했다. 태양 볕에 강물도 거의 뜨거워진 것처럼 보였다. 강물이 햇빛에 반사되어 거울처럼 번들거렸다.

몇 분도 채 안되어 밥의 온몸은 땀에 흠뻑 젖었다. 그의 곱슬머리에서 땀방울이 뚝뚝 떨어졌다. 땀방울이 얼굴로 내려와 코를 미끄러져 턱으로 떨어졌다. 대마와 모를 섞어 거칠게 짠 셔츠가 몸에 착 달라붙었다.

이곳에 오니 물살이 더 빠른 것 같았다. 보트는 거의 움직이지 않았다. 맞은 편에 카누가 물살을 따라 내려가고

힘주어 보트를 밀었다.

있었다. 타고 있던 낚시꾼이 웃으며 소리쳤다. "가만히 있는 거요, 아니면 거꾸로 가는 거요?"

아무도 대답하지 않았다.

모기와 파리가 격렬하게 달라 붙었다. 밥의 팔뚝은 모기에 물려 퉁퉁 부어 있었다.

자그마한 파리들이 보트 위에서 왱왱거렸다. 그것들은 밥의 눈과 귀와 목에 들어갔다.

거기에 한술 더 떠서 디터 검프 씨 파이프에서는 숨 막히는 연기가 나왔다. 그 연기에 밥의 뱃속이 울렁거렸다.

"달팽이처럼 느리군!" 디터 검프 씨가 화를 냈다. "더 밀어 올려!"

밥은 팔이 아팠다. 차라리 대장간에 있었더라면 했다. 풀무불의 열기는 대낮의 뜨거운 태양열에 비하면 아무 것도 아니었다.

그는 노를 젓는 장대가 두 개로 부러졌으면 좋겠다고 생각했다. 자기에게도 말처럼 긴 꼬리가 있어 파리를 탁탁 치고 싶었다. 심지어 차라리 학교에 있는 게 더 나을 뻔 했다는 생각까지 들었다.

보트는 점점 더 무거워졌고, 점점 더 움직이기 힘들었다.

그는 검프 씨에게 몸을 돌렸다. "엄마가 루밥 파이를 싸 주시면서 검프 씨에게 드리라고 했어요." 그가 숨을 헐떡거리며 말했다. "사과 주스도 있어요."

디터 검프 씨가 입에서 파이프를 뺐다. "어머니는 참 좋은 분이야. 정말 좋은 분이지! 그늘진 좋은 낚시터가 보이면 거기서 멈추자. 그러면 점심을 먹을 수 있지."

"아빠." 크리스가 말했다. "좋은 곳이 보여요. 인디언이 그림을 새겨놓은 바위가 있어요. 그 바위를 식탁 삼아서 먹으면 되겠어요. 그늘도 있으니까요."

밥이 크리스에게 고맙다는 눈짓을 했다.

"아이들은 먹을 생각만 한다니까." 검프 씨가 투덜거렸다. "좋아! 먹자. 점심을 나눠 먹자구."

인디언의 그림이 새겨진 바위는 식탁으로 안성맞춤이었다. 그러나 밥은 먹을 수가 없었다. 그는 너무 피곤해서 쭉 뻗어버렸다.

그 반면 디터 검프는 단단히 먹을 준비가 되었다. 그는 자기 도시락보다 밥의 도시락을 더 먹고 싶어했다. 그는 탐욕스럽게 그것을 집었다. 그는 샌드위치를 싼 양배추 잎을 벗겨낼 생각도 없었다. 아예 양배추 잎에 싼 채

137

로 그것을 다 먹어 버렸다! 그리고 사과 주스를 꿀꺽꿀꺽 들이켰다.

크리스는 루밥 파이를 한 조각 먹었다. 그리고 모기에게서 보호하려고 도시락 바구니를 얼굴에 뒤집어 쓰고 즉시로 곯아 떨어졌다.

밥의 질문

이제 밥은 머리가 아프지 않았다. 그는 검프 씨에게 말했다. "틀림없이 보트를 장대로 미는 것보다 더 빠르게 움직이는 방법이 있을 거예요."

검프 씨는 배가 불러 기분이 좋았다.

"그래. 윌리엄 헨리도 그런 생각을 했지." 그가 웃었다. "방법을 찾아내려고 말이야."

"밀 크릭에 있는 대장장이 윌리엄 헨리 말이에요?"

"그래. 그가 궁리를 해냈어. 그래서 증기로 움직이는 보트를 만들었지."

밥은 피곤한 것을 싹 잊어버렸다. 그는 몸을 펴서 똑바로 앉았다. "증기로 움직이는 보트라." 그가 반복했다. "그래서 성공했나요?" 그가 열을 내며 물었다.

"두세 번 시험을 했어. 그러다가 폭풍이 왔지. 보트가 물속에 풍덩 가라 앉았어! 돌멩이처럼 가라 앉아 버렸지." 디터 검프는 보트가 가라앉는 모습을 보여주려고 주먹으로 그의 손바닥을 쿵 쳤다.

"그 윌리엄 헨리는 말이야!" 디터 검프가 비웃었다. "너무 생각이 많아. 일은 안하고 말이지, 역사책에 코를 박고 있든지, 그렇지 않으면 온갖 괴상한 것들을 만들고 있다니까."

밥은 나뭇가지를 집어 주머니칼로 끝을 뾰족하게 깎았다. "검프 씨." 그가 말했다. "이걸로 그 보트가 어떻게 만들어졌는지 그려 주세요."

그는 그 나뭇가지를 강물 속으로 던져버렸다. 그리고 넌더리가 난다는 듯 말했다. "그 보트는 아무짝에도 소용이 없었어. 소용이 없었다니까. 보트는 장대로 밀어야만 한다는 걸 모르는 사람이 어디 있단 말이야! 어떤 사람들은 어떻게든 일을 안 하려고 꾀를 피우지. 그러니까 이제 그만 하고, 낚시나 하자. 장대로 밀지 않고 보트를 움직일 생각일랑 말고."

그러나 밥은 그것 말고는 다른 생각을 할 수가 없었다.

인디언 무당

밥이 집에 왔을 때 그의 얼굴은 뻘겋게 달아올라 있었다. 어머니는 놀라서 그의 이마를 만져보았다.

"춥고 열이 나?" 아브라함이 기대에 차서 물었다. 그는 의사놀이를 좋아했기 때문이다.

풀턴 부인이 고개를 끄덕였다.

그녀는 다른 아이들과 힘을 합해서 밥을 이층 다락의 침대로 데려가 눕혔다. 그녀는 밥의 발치에 뜨뜻한 난로를 갖다 놓고 담요로 잘 쌌다. 그리고 생 양파로 그의 가슴을 찜질했다. 그리고 그에게 민들레 차를 마시게 했다.

밥은 이 모든 것이 기억나지 않았다. 그날부터 며칠 동안은 마치 나쁜 꿈을 꾼 것 같았다. 침대는 디터 검프의 보트이고, 그는 쉬지 않고 막대기를 저어 상류로, 상류로 보트를 움직여갔다.

열이 없어지자, 밥의 나쁜 꿈도 사라졌다. 그는 침대에 앉아 가족들이 모두 시중들어 주는 것을 즐겼다. 어머니는 푸딩을 가져다 주었고, 열을 식히려고 시원한 음료수를 주었다. 자매들은 그에게 버터컵과 만발한 들꽃을 따서 주었다. 마틸다까지도 그에게 실 뭉치를 갖다 주었다.

아브라함은 이에 질세라 자기 몫을 단단히 했다. 어느 날 가족들이 모두 밥의 옆에 앉아서 시중들고 있을 때, 아브라함은 손에 큰 가방을 들고 집으로 들어왔다.

"나는 인디언 무당이다!" 그는 자기가 마치 중요한 사람인냥 발표했다. "내가 밥의 병을 고칠 테다!"

그리고 가방을 뒤집어 안에 든 것을 밥의 침대 위에 쏟았다. 두꺼비 한 마리, 쥐새끼 두 마리, 그리고 줄무늬 뱀 한 마리가 쏟아져 나왔다.

"나는 무당이다!" 그가 발표했다.

집 안은 북새통이 되었다! 풀턴 부인과 소녀들은 창틀, 의자, 심지어 촛대를 올려놓는 선반 위에 까지 올라갔다!

폴리는 서까래로 껑충 뛰어오르려다가 실패했다. 그 바람에 그녀는 밥의 침대 위로 벌렁 나자빠졌고, 두꺼비가 그녀의 머리카락에 앉았다. 아브라함과 밥이 어찌나 웃었던지 눈물이 나오려고 했다. 폴리는 화가 났다.

"그것 봐!" 아브라함이 우쭐댔다. "두꺼비, 뱀, 쥐새끼가 다시 밥을 웃게 만들었어. 웃는다는 건 이제 다 나았다는 증거야."

작은 동물들을 모두 잡아서 문 밖으로 내보냈다. 풀턴 부인은 밥의 침대 가장자리에 앉았다. "다음 주에는 우리 모두 휴가를 다녀오자." 그녀가 말했다. "리틀 브리튼 마을에 있는 이사벨 이모 집에 일주일 가는 거야. 그러면 네가 기운을 차릴 거야."

서까래: 지붕 밑에 받치는 나무

13.
패들 보트

   이사벨 이모 집은 밖에서 보기에는 그저 평범한, 시멘트로 사이사이를 메운 돌집이었다.

그러나 그 안에 들어가면 놀라운 세계가 있었다. 다락 전체가 작업실이었다! 거기에는 온갖 종류의 연장이 다 있었다. 나사들이, 송곳, 톱, 대패, 끌, 톱의 각도를 고정시키는 도구, 나침반, 망치, 그리고 크기가 다양한 못들이었다.

이사벨 이모는 혼자 있었다. 조엘 삼촌이 군대에 갔기

때문이다. 그는 조지 워싱턴 장군 밑에서 3년동안 싸웠다. 지난 3년 동안 매년 봄에 밥은 이사벨 이모 집을 방문했다. 밥에게는 몹시 즐거운 시간이었다.

"잊지 말아요." 조엘 삼촌이 이사벨 이모에게 작별 인사를 하면서 말했다. "어떤 말썽꾸러기도 내 연장에 손대지 못하게 해요. 좋은 연장을 아무렇게나 다루는 사람들이 있으니까요. 하지만 로버트 풀턴은 내 다락에 올라가서 얼마든지 연장을 사용해도 돼요. 그는 연장을 잘 보관하고 수리할 테니까요. 모두 다 제자리에 걸어두고. 내가 톱질하던 통나무도 그에게 마저 사용하라고 해요."

올해 밥은 이사벨 이모 집에 도착하자마자 다락에 올라갔다. 그는 거미줄을 제거하고 연장을 모두 날카롭게 갈았다. 그는 작은 패들이 달린 보트 모형의 그림을 스케치했다.

그는 하루를 온통 스케치하는데 보냈다. 그리고 나서 톱질을 하고 끌로 갈고 망치질을 했다. 마치 어른 40명이 일을 하는 듯한 소리가 났다.

이사벨 이모는 그 요란한 소리가 얼마나 중요한지를 이

패들: 바퀴 모양의 물갈퀴

해하는 것 같았다. 그녀는 한번도 시끄럽다고 불평한 적이 없었다. 그 대신 아침, 점심으로 밥에게 올라왔다.

그녀는 항상 시원한 우유 두 컵과 냅킨 가득 쿠키나 과일 파이를 가져왔다. 한 번은 그녀가 블루베리 케이크를 가져왔다.

"정말 근사한 낚싯배로구나!" 그녀가 밥의 그림을 관찰하더니 감탄하며 말했다. "너무 진짜 같아서 뱃멀미가 나는 것 같아." 그리고 그녀는 케이크를 두 조각으로 자르며, 뒤집어 놓은 통 위에 앉았다. "밥, 케이크 한 조각 먹으렴." 그녀가 말했다. "잠시 일을 쉬고, 그 보트가 어떻게 움직이는지 설명해 줘."

이사벨 이모보다 더 케이크를 잘 만드는 사람은 없었다. 밥은 작업대 벤치에 앉았다. 케이크를 먹으면서 그가 설명을 했다.

"나무로 만든 이 날개 보이죠?"

이사벨 이모가 고개를 끄덕거렸다.

그 패들을 바퀴 한가운데 고정시킬 거예요. 그리고 나서 그 바퀴를 보트에 달면, 보트가 움직이죠. 마치 오리가 발을 구르는 것처럼 상류로 올라갈 수 있어요. 막대기로 보트를 움직이는 것보다 훨씬 더 쉽지요. 막대기로 보트를 밀어보신 적 있어요?"

이사벨 이모가 웃었다.

"물론 없지. 단 한 번도 막대기를 잡아본 적도 없단다. 그랬다가는 아마 물 속에 빠져버렸을 거야."

밥은 일주일 내내 그 작은 패들을 만들었다. 마침내 보트에 그 패들을 달고서, 집 뒤에 있는 작은 시내로 뛰어갔다. 그리고 대단히 기대감에 차서 그것을 물 위에 놓았다. 작은 패들 바퀴가 계속해서 돌았다. 그러면서 물이 휘저어졌다. 작은 보트가 움직였다. 막대기 하나로 저어가던 낚싯배 보다 더 빨리 움직였다.

"바람으로 가는 돛배보다 훨씬 나아!" 밥이 감탄했다.

그는 집으로 돌아가는 날 이사벨 이모에게 이렇게 말했다. "이 배가 너무 커서 가져갈 수 없어요. 내년 봄에 다시 올 때까지 잘 보관해 주세요."

"염려 마." 이사벨 이모가 약속했다. "내가 잘 보관해 둘게. 조엘 삼촌이 와서 보시면 매우 관심 있어 하실 거야. 널 자랑스럽게 생각하실 거다."

랭카스터의 집으로 돌아오자 밥은 즉시 크리스를 만나

러 갔다. 크리스는 검프 씨 집 뒤에 있는 헛간에 있었다.

밥은 주변을 조심스럽게 둘러보며, 검프 씨가 있는지 확인했다.

그리고 나지막이 휘파람을 불었다.

크리스는 벽에 박혀 있는 나무 못에 소 멍에를 걸려다가 거의 떨어트릴 뻔 했다. "밥!"

"크리스!" 그러더니 두 소년은 잠시 할 말을 잊었다. 마침내 크리스가 주머니에 손을 넣더니 메이플 설탕조각을 꺼냈다. 그것을 반으로 나누어 한 쪽을 밥에게 주었다. 그것을 먹고 나자 혀가 얼얼했다.

"크리스" 밥이 말을 꺼냈다. "이제 우리가 다시는 네 아빠 보트를 막대기로 젓지 않아도 돼. 내가 작은 보트를 만들어 패들을 붙여봤는데, 잘 움직여."

크리스는 좋아하며 그 큰 몸집을 들어서 재주 넘기를 했다. 그리고 두 소년은 헛간 뒤에 앉아 계획을 세웠다. 그들은 검프 씨에게 들키지 않으려고 작은 소리로 말했다.

마침내 그들은 즉시로 검프 씨 보트에 패들 두 개를 달아야 된다고 결론을 내렸다. 또한 검프 씨 모르게 해야 한다고 동의를 했다. 검프 씨는 그런 아이디어를 들으려고

도 하지 않을 것이다!

밤마다 두 소년은 소 젖을 짠 후에 밥의 헛간에서 함께 작업을 하기로 했다.

그들은 보트를 가로지을 만큼 기다란 장대를 만들었다. 그리고 그 장대 가운데를 네모난 모양으로 구부려 크랭크를 만들었다. 다음 날 그들은 작은 보트에 달았던 것과 똑같은 패들을 만들었다.

마침내 패들이 완성되자, 두 소년은 그것을 벽에 걸어놓고, 몇 발짝 뒤로 물러선 뒤에 그들의 작품을 보고 감탄을 했다. 그것을 만드는 데 많은 시간이 걸렸으며, 이제 그 결과는 만족스러웠다.

"마치 엑스 자 같아." 크리스가 말했다.

"물갈퀴가 달린 엑스 자야." 밥이 웃었다.

이제 두 소년은 진짜 문제에 직면했다. 디터 검프가 모르게 어떻게 그 패들을 보트에 달 수 있을 것인가?

매서 스미스 씨가 그 문제를 해결해주었다. 그는 석탄이 필요했다. 그는 검프 씨에게 크리스와 밥이 보트를 타고 록포드에 가서 석탄을 사오게 해도 좋은지 물었다.

디터 검프가 쇠사슬에서 맹꽁이 자물쇠를 푸는 열쇠를

꺼내주자 밥이 매서 스미스 씨에게 윙크를 보냈다. "만일 제가 조금 오래 걸려도 초조해하지 마세요." 그가 말했다. "크리스와 저에게 은밀한 계획이 있어요. 하지만 그리 오래 걸리지는 않을 거예요."

크리스와 밥은 서둘러 그들의 작업대로 갔다. 각각 패들 한 개씩 들었다. 그리고 크리스가 몸집이 더 컸으므로 기다란 막대기를 들었다. 밥은 연장이 든 주머니와 그가 몰래 만들어놓은 작은 노를 들었다.

커다란 패들 두 개를 들고 샛강으로 달려가는 그들의 모습은 주위의 관심을 끌기에 충분했다. 닭들은 재빨리 흩어지며 길을 비켜주었다. 돼지는 꿀꿀거렸고, 개는 컹컹 짖었다. 고양이는 나무로 기어 올라갔다. 사람들은 뭣 때문에 이리 어수선한가 보려고 창문에서 고개를 빠끔히 내밀었다.

시장에 가던 여자들은 그 두 소년을 보자마자 얼른 길옆으로 비켜섰다. 풀을 빳빳하게 먹인 예쁜 모자가 나무로 만든 패들에 걸려서 벗겨지면 안 되기 때문이었다.

아이들은 밥에게 소리를 쳤다. "어이, 퀵실버! 크리스랑 너랑 풍차를 단 거야? 더 빨리 달려 보려고?"

이제 크리스가 열쇠를 맹꽁이 자물쇠에 꽂았다. 마침내 결정적 순간이 다가왔다!

밥이 보트 양 쪽의 윗부분에 구멍을 뚫는 동안 그의 심장은 거세게 고동쳤다. 그리고 그는 기다란 막대기를 그 구멍에 끼웠다. 보트 가장자리로 15센티만큼 불거져 나왔다.

그 막대기를 패들을 달기에 꼭 맞는 길이로 만들었다는 사실을 발견하자 밥은 좋아서 비명을 질렀다. 크리스가 막대기 양쪽에 패들을 다는 동안, 밥은 고물 쪽에 노를 달기 위해 구멍을 냈다.

"크리스, 이제 크랭크를 돌려 봐." 밥이 말했다.

"아니. 네가 돌려, 밥."

밥은 그것을 돌리고 싶어 손가락이 에이는 듯 했다. 그러나 그것은 검프 씨 보트였다. "네 아빠 보트니까, 네가 먼저 돌려야 해, 크리스."

크리스가 크랭크를 돌렸다. 패들이 돌아가자 물이 첨벙거렸다. "보트가 간다!" 그가 소리를 쳤다. "그런데 방향을 어떻게 조종하지?"

크랭크: 기다란 장대 한 가운데 사각 모양으로 구부린 부분

크리스가 너무도 당황하자, 밥은 웃지 않을 수가 없었다. 그 소년 발명가에게 보트의 방향을 조종하는 것은 문제도 아니었다.

그는 대답으로 노를 고물에 뚫은 구멍에 끼웠다. 이제 크리스가 크랭크를 돌리는 동안, 밥은 패들 보트의 방향을 조종했다.

이제 크리스가 크랭크를 돌리는 동안, 밥은 패들 보트의
방향을 조종했다.

두 소년은 전쟁 용사들처럼 환호성을 지르며 한 시간에 3.2킬로미터 속도로 코네스토가 강을 거슬러 올라갔다.

보트에 석탄을 한 짐 싣고 난 뒤에도, 그 보트는 산들바람처럼 사뿐히 움직여 갔다. 그 보트가 얼마나 재빠르게 물살을 따라 내려갔던지, 물 위에 떠있던 오리 떼가 시끄럽게 꽥꽥거리며 허둥지둥 날아가 버렸다.

　강둑에 서 있던 사람들은 그 괴상한 기계를 보고 어리둥절해서 입을 딱 벌렸다.

　"저기 봐!" 크리스가 소리쳤다. "저기! 아빠가 강둑에서 우리를 기다리고 계셔."

　밥은 검프 씨가 그렇게 신이 난 모습은 처음 보았다. 그는 좋아서 두 팔을 마구 휘두르며 앞뒤로 껑충껑충 뛰고 있었다.

　"호! 호!" 크리스가 웃었다. "마치 오리알을 부화시켜 놓고 새끼들이 물에 빠질까 봐 안절부절 못하는 닭 같지 뭐야?"

　밥은 그 해 여름을 잊을 수가 없었다. 이제 낚시는 신나는 소풍이었다. 그러나 밥은 낚시도 좋았지만, 그 보다 더 중요한 사실을 발견했다. 패들을 만드는 것이 이 세상의 그 어떤 낚시 여행보다도 더 재미있다는 사실이었다!

　　부화: 닭이나 새가 알을 품어서 새끼가 태어나게 하는 것

14.
벤자민 프랭클린을 만나다

랭카스터 시에 짙은 안개가 서렸다. 때는 1782년 추운 11월 어느 날 새벽 네 시였다.

집들은 아직 빗장을 잠그고 창문 덮개를 닫고 있었다. 거리의 등불이 아직 희미하게 비추고 있었다. 마치 졸음이 오는 것 같았다.

풀턴 가족은 안개 속에서 길을 찾아 걸어갔다. 이제 그들은 낯익은 담장에 다다랐다. 나무도 낯이 익었다. 그렇다. 그들은 여관으로 가는 길목까지 온 것이다. 그들은 아주 천천히 걸어갔다. 간혹 서로의 이름을 부르며, 한 사람도 길을 잃어버리는 사람이 없도록 확인을 했다. 그들은 집을 나온 지 오래 되지는 않았으나 이미 몸은 축축하게 젖어 추위에 떨고 있었다.

한 시간만 있으면 마차가 떠날 것이다. 한 시간만 있으면 열일곱 살 소년이 미국의 수도인 필라델피아로 떠난다. 한 시간만 있으면 밥 풀턴은 어른의 세계로 들어간다. 그는 성공을 찾아 13개 주에서 가장 큰 도시에 가려는 것이다.

그러나 밥은 자기가 어른이 된 것처럼 느껴지지는 않았다. 그는 뱃속에서 이상한 허전함을 느꼈다. 어머니에게 걱정하지 마시라고 말을 하는 그의 목소리조차 뭔가 텅 빈 느낌이 들었다.

아브라함은 거세게 숨을 몰아 쉬었다. 그는 밥의 짐을 들고 가겠다고 고집을 피웠다. 꽉꽉 눌러 담은 그 짐은 퍽 무거웠던 것이다.

페기와 벨과 폴리는 안개처럼 잠잠했다. 모두 다 울지 않으려고 애쓰고 있었다.

갑자기 덜컹거리는 소리와 말발굽 소리가 들렸다. 네 마리 말이 끄는 마차가 아니고는 그런 소리를 낼 수 없었다. 틀림없이 마차가 일찍 떠나고 있는 것이다!

밥은 아브라함에게서 짐을 받아 달리기 시작했다. 가족들도 뒤따라 달렸다.

그들은 숨을 헐떡이며 여관에 도착했다. 승객들이 마차에 오르고 있었다. 그들은 트렁크와 온갖 모양의 짐들을 놓을 만한 자리를 찾고 있었다. 마부는 커다란 목소리로 고함을 쳤다. "모두 탔습니까?"

이제 페기가 밥의 손에 무언가를 꼭 쥐어주었다. "베이베리 비누야." 그녀가 소음 때문에 크게 말했다.

풀턴 부인은 밥의 귀에 입술을 갖다 댔다. "여기 여행할 때 먹을 케이크야." 그녀가 울컥하는 목소리로 말했다. "네가 좋아하도록 갈색으로 구웠어. 안녕, 크고 용감한 내 아들! 크고 용감한 내 아들!"

다시 소리가 들렸다. "모두 탔습니까?"

밥은 훌쩍 뛰어 마부 옆에 앉았다. 그는 온 가족을 안아주고 싶었다. 하지만 작별 인사도 채 하지 못하고 떠나게 된 것이 오히려 다행이라고 생각했다.

그의 마음 한 쪽은 이미 필라델피아에 가 있었다. 다른 한 쪽은 랭카스터에 가서 장작을 나르며 가족들과 함께 웃고 있었다.

마부가 큰 소리로 말을 몰았다. 그리고 채찍을 갈기자, 마차가 휘청거리며 검은 새벽 속으로 달려갔다. 밥은 안개 낀 어둠 속으로 주변을 쳐다보았다. 아무 것도 보이지 않았다.

벤자민 프랭클린을 만나다

밥은 필라델피아의 하이 스트리트를 가벼운 발걸음으로 걸어가고 있었다. 겨드랑이 밑에는 커다란 그림을 끼고 있었다. 그는 매우 기분이 좋았다. 아침부터 작품을 네 개나 배달하는 길이었다!

마차 공장에 가져가는 마차 설계도, 여관에 달 간판, 기계정비소에 가져다 줄 설계도, 그리고 가제라는 사람이 주문한 그림이었다.

밥이 랭카스터를 떠난 지도 3년이 되었다. 굶주려야 했던 때도 있었다. 밤에 너무 늦게까지 일을 해서 손가락이 새파랗게 얼어붙은 때도 있었다.

그러나 오늘 아침에는 모든 배고픔과 고생을 잊어버렸

다. 그는 나지막이 흥얼거리며 걸어갔다. 이제는 시청에 가서 서기에게 이렇게 말할 수 있게 되었다. "직업인 명단에 이렇게 써넣어 주시겠어요?"

로버트 풀턴 설계가 겸 화가
주소: 2번가와 월터 스트리트가 만나는 지점

밥은 이런 생각에 빠져 있느라 앞쪽에서 흑인 여자가 바퀴 두 개 달린 수레에 국 냄비를 싣고 오는 것을 보지 못했다. 그뿐 아니라 그 뒤로 나이 든 신사가 걸어오는 것도 보지 못했다.

갑자기 바람이 휙! 불더니 밥의 모자를 날려 버렸다. 그것은 바람을 타고 연처럼 날아갔다.

그는 아무 생각 없이 껑충 뛰어올라 그것을 잡으려고 했다. 다음 장면에는 수레가 뒤집어져 있었다. 그 흑인 여자는 그만 나이 든 신사의 품에 안겨 넘어져 버렸다. 밥은 수레 밑에 납작하게 깔려 있었다.

하이 스트리트 이곳저곳에서 창문이 활짝 열렸다. 사람들이 머리를 내밀었다. 밥은 마치 수천 개의 눈이 자기와 뒤집어진 수레를 쳐다보는 것처럼 느꼈다.

국은 온 사방에 엎질러졌다. 밥은 아예 국에 뒤덮여 있었다. 페퍼 소고기 국을 운반하고 있던 여자도 국에 뒤덮여 있었다. 뒤에 오던 나이 든 신사의 검은 양복이 온통 되직한 국으로 범벅이 되어 있었다.

밥의 그림들만 가까스로 참상을 모면했다.

김이 모락모락 오르는 향긋한 소고기, 양파, 페퍼 냄새가 공기를 진동했다.

"아, 내 소고기 페퍼 국! 아, 내 소고기 페퍼 국!" 그 여자가 울부짖었다.

"죄송합니다." 밥이 더듬거렸다. "어떻게든…… 어떻게든 보상하겠습니다."

그리고 그는 신사에게 몸을 돌렸다. "제 이름은 로버트 풀턴입니다. 지금 선생님의 옷값을 지불할 수는 없습니다. 하지만 선생님의 초상화를 그려드리겠습니다."

그러더니 밥은 손으로 이마를 탁! 쳤다.

"아이고." 그가 숨을 헐떡였다. "벤자민 프랭클린 씨 아닙니까? 못 알아 뵈어 죄송합니다."

친절한 그 신사는 네모진 안경에서 국을 닦아냈다. 그 사고 때문에 대단히 불쾌한 것 같지는 않았다.

"그렇다면." 그가 살짝 미소를 지으며 말했다. "자네는 이젤과 물감 상자를 가지고 오늘 저녁 일곱 시에 우리집으로 오게. 초상화를 그린 지 꽤 되었거든. 이제 얼른 볼일을 보러 가야겠네."

"아, 그리고 풀턴 씨." 그가 덧붙였다. "가지고 있는 그림을 몇 개 가져와 보게. 보고 싶으니까."

"풀턴 씨라!" 밥이 속삭였다. "아무도 나를 그렇게 불러 준 사람이 없었는데!" 그는 국으로 얼룩진 옷에도 아랑곳

앞쪽에서 흑인 여자가 바퀴 두 개 달린 수레에 국 냄비를
실어오고 있었다.

하지 않고 즐겁게 길을 걸어갔다.

이제 밥은 계단 세 개를 걸어올라 프랭클린 씨 집 앞에 섰다. 마음이 몹시 두근거렸다.

그 유명한 프랭클린 박사가 자기 그림을 좋아하지 않으면 어쩌지? 그의 방에 방문객이 잔뜩 와 있는 건 아닐까?

밥이 초인종의 줄을 당기기도 전에 통통한 노신사가 문을 활짝 열었다.

"들어오게, 젊은이." 그가 말했다 "기다리고 있었네."

아늑한 거실로 인도되어 들어간 밥은 지체 없이 이젤을

"아이고." 그가 숨을 헐떡였다. "벤자민 프랭클린 씨 아닙니까?"

세웠다. 필라델피아에서 가장 위대한 그 노신사는 마치 옛 친구처럼 밥과 대화를 나누었다. 밥은 자신이 어떻게 새로운 기회를 찾아 필라델피아로 왔고, 이후 무엇을 하고 살았는지 이야기했다.

밥은 프랭클린 박사에게 자신의 설계도와 스케치를 보여주었다. 프랭클린 박사는 밥에게 그가 예전에 만든 나무로 된 인쇄기, 최초의 프랭클린 난로, 그리고 프랭클린 동전을 보여주었다.

벤자민 프랭클린이 말했다. "자네와 나는 닮은 점이 많구먼. 나도 열일곱 살에 필라델피아로 왔지. 게다가 우리 둘 다 새로운 것을 만드는데 관심이 많으니까."

밥은 신속하게 작업을 해야 했다. 프랭클린 박사는 쾌활한 사람이었다. 그는 오랫동안 가만히 앉아 있으려고 하지 않았다. 그는 가끔 일어나 재빨리 방 안을 걸어 다녔다.

이제 그는 이젤 앞에 와서 섰다. 거칠게 그려진 스케치 선이 몇 개 있었다. 그러나 벌써 그는 통통한 자신의 모습과 닮았다는 것을 명백하게 깨달을 수 있었다.

"아, 자네는 벤자민 웨스트에 버금가는군!" 그가 감탄했다. 그리고 가만히 서서 그 소년을 쳐다보았다. "벤자민 웨스트 밑에서 공부하지 않겠나?" 그가 갑자기 물었다.

밥의 손이 떨렸다. "벤자민 웨스트 밑에서 공부하지 않겠느냐고요?" 그가 숨을 헐떡였다. 생각만 해도 감격해서 온몸에 소름이 돋았다.

프랭클린 박사가 계속 말했다. "나는 인쇄기술을 더 잘 배우려고 런던에 갔었지. 언젠가 자네도 런던에 갈 것 같아. 벤자민 웨스트가 자네에게 그림을 가르쳐 줄 수 있을 거야. 그리고 다른 과학자들에게도 소개해줄 수 있을 거야. 자네는 그들에게서 많은 것을 배울 수 있지. 내가 웨스트에게 편지를 써서 자네가 재능이 있다고 말을 하겠네. 그가 자네에게 관심을 보일 것 같아."

밥은 일을 잠시 멈추었다. 그는 한 마디도 놓치고 싶지 않았다. 그의 눈에는 새로운 지평선이 보였다. 직업이 안정되어 시청 명단에 이름을 올리는 것은 이제 그리 중요하지 않게 보였다.

"내가 웨스트에게 자네가 예술가이자 기술자라고 말을 해야겠네. 그와 그의 친절한 아내가 틀림없이 자네를 그 집에서 데리고 가르치면서 돌봐 줄 거야."

프랭클린 박사는 책상에 앉아서 깃털 펜을 집었다. 밥은 그의 작업을 계속했다.

  두 사람은 말이 없었다. 오직 펜을 끄적거리는 소리만 들렸다.

  이제 프랭클린 박사는 편지에 서명했다. 펜이 둥글게 굴러가는 소리가 들렸다.

  프랭클린 박사는 잉크가 번지지 않도록 모래를 듬성듬성 뿌리고 있었고, 그때 하녀가 들어왔다. 여러 가지 음식을 가지고 들어왔다. 거기에는 김이 모락모락 오르는 소고기 페퍼 국도 있었다.

  벤자민 프랭클린과 밥이 얼마나 웃었던지!

  "이제부터." 프랭클린 박사가 선언했다. "소고기 페퍼 국을 보면 어김없이 로버트 풀턴이 생각나겠지!"

15.
풀턴의 증기선

 몇 년이 흘렀다. 밥의 삶은 거의 벤자민 프랭클린이 말한 대로 이루어졌다.

밥은 런던에 갔고, 그 유명한 화가를 만났다. 런던에서 가장 사랑받는 화가였던 벤자민 웨스트 씨는 밥을 자기 집에 머물게 해주었다.

밥은 열정적으로 그림을 배웠다. 웨스트 씨는 또한 영국과 프랑스의 과학자들을 밥에게 소개시켜 주었다.

그는 영국의 성들을 여행하고, 그 성들을 그린 그림을 연구했다.

그는 데본 지방에 가서 풍경을 그렸다. 그곳에 간 지 얼마 안 되어, 그는 어떤 운하에 관심을 두게 되었다. 석탄의 많은 양이 그 운하를 통해 운반되고 있었다. 그는 그 운하와 몇몇 다른 운하가 영국의 주요 산업도시인 맨체스터로 석탄을 운반한다는 사실을 알게 되었다.

밥은 이 운하들을 연구했다. 그러는 동안 점점 더 운하 개발에 흥미를 느끼게 되었다. 어느 날 그가 운하를 바라보고 있을 때 새로운 아이디어가 떠올랐다. 그는 밤새도록 그 계획을 설계도로 그렸다. 그것은 운하 보트를 올리고 내리는 장치였다. 나중에 그는 영국 정부로부터 그 발명에 대한 특허를 확보했다.

그는 항상 일을 더 빠르고 더 쉽게 하는 방법을 연구하기를 좋아했다. 그는 운하의 땅을 파는 기계를 발명했고, 짐을 더 빨리 나르는 보트를 발명했다. 또한 대마로 실을 잣는 기계와 밧줄 만드는 기계를 고안했다.

이제 로버트 풀턴이 미국을 떠난 지도 20년이 되었다. 이 모든 세월 동안 그는 물리학, 화학, 수학을 공부했다. 그는 계속해서 실험을 하며 실용적인 지식을 얻었다. 그는 이 기간에 여러 가지 복잡한 기계들을 발명했다.

영국, 프랑스, 미국 모두 벌써 수년 동안 증기선을 발명하려고 시도했다. 그러나 그런 배가 실제로 사용 가능할 때까지는 여러 장애물을 해결해야 했다. 수많은 발명가가 아이디어를 제안했다. 어떤 이는 모델을 만들었고, 영국인과 프랑스인이 합작해서 증기선을 만들기도 했다. 그러나 두 가지 다 실패로 돌아갔다.

로버트 풀턴은 그들의 실험에 흥미를 느끼고 연구했다. 1802년 그는 로버트 리빙스턴과 파트너가 되었다. 두 사람은 성공적으로 작동할 수 있는 증기선을 만들기로 합의했다.

1806년 말 풀턴 씨는 미국으로 돌아왔다. 그는 그해 겨울, 그리고 다음 해 여름 내내 그의 증기선을 완성하는 데 심혈을 기울였다. 그는 그 배를 "클리어먼트"라고 이름 지었다. 그 배를 건설하고 있는 동안 강 주변에서 할 일 없이 빈둥대던 사람들이 그것을 보고 비웃었다. 그들은 그 배를 "풀턴의 실패작"이라고 불렀다. 그 배를 거의 파손시키려고 했던 그 사람들 때문에 풀턴은 경비원들을 고용해서 그 배를 보호해야만 했다.

그 이후 몇 년이 더 흘렀다. 이제 사람들은 그를 풀턴 씨라고 불렀다. 41세가 된 풀턴은 여전히 열성에 넘쳐 먼 장래를 내다보았다. 몸은 여전히 호리호리하고 머리카락도 여전히 검었다. 키는 육척이 훌쩍 넘었다.

때는 1807년 8월 17일, 정오가 막 지났다. 뉴욕 시 날씨는 화창했다. 가벼운 산들바람이 불었다. 강물은 태양빛을 반사하고 있었다.

호기심에 찬 군중은 부두에 모여 서 있었다. 어린 소년들은 낚싯대를 가져왔고, 젊은이, 늙은이, 노동자들, 건달들이 모였다. 셀 수 없이 많은 사람들이 언덕 위의 집 지붕에 올라가서 내려다보고 있었다. 이 들뜬 사람들은 무슨 일이 일어나기만을 기다리는 것 같았다.

모두 다 부두에 묶여 있는, 괴상한 배를 쳐다보았다. 돛대는 다른 배와 다름이 없었다. 그러나 두 돛대 사이에는 기계들이 있었고, 높은 굴뚝이 있었다! 배의 양옆에는 패들이 붙어 있었다! 그리고 뱃머리에는 "클리어먼트"라고 쓰여 있었다.

부두와 지붕에서 구경하던 사람들은 떠들썩했다. 어떤 사람들은 웃고 있었다. "저 납작코 증기선을 보라구!" 그들이 말했다. "얼마 안 가서 가라앉아 버릴 거야!"

"그렇고말고!" 누군가 맞장구를 쳤다. "누가 물 끓이는 주전자로 움직이는 배를 타고 싶겠어? 우리 조상들은 돛배를 탔고, 우리도 돛배면 그만이지."

제법 많은 사람들이 머리를 흔들었다. "풀턴 일당들 안 됐지 뭐야. 이제 곧 돈을 모두 물속에 빠트릴 테니. 저 배 만드는데 수년이 걸렸다고 하니 말이야."

"리빙스턴 씨가 불쌍하지 뭐야." 한 노인이 말했다. "저 못난 오리 새끼를 짓는 데 들어간 돈이 모두 그의 돈이라는군. 저 배가 산산조각이 나면 그의 고향 '클리어먼트'에 무슨 면목이 있겠어? 이제 리빙스턴 씨가 더 이상 저 "풀턴의 실패작"에 돈을 안 주기로 했대."

"어르신 말씀이 맞아요!" 태양에 그슬린 어부가 웃었다. "리빙스턴도 이제는 저 배를 놀림감으로 삼았답니다. 마치 나룻배에다 불붙은 제재소를 실은 것 같다면서요!"

"저것 봐요!" 어린 소년이 소리쳤다. "출발 신호를 했어요! 저 클리어먼트가 뉴욕 시에서 알바니까지 여행을 떠난대요!"

퍽퍽! 척척! 배의 엔진 소리가 요란하게 들렸다. 굴뚝에서는 불과 연기가 뿜어져 나왔다. 패들이 돌아갔다. 그리고 배는 부두에서 빠져 나갔다!

　부두와 지붕에 있던 군중은 마음이 바싹 졸았다. 저 배의 기계 장비가 너무 무겁지 않을까? 그래서 강으로 들어서자마자 보트가 가라앉지 않을까? 보일러가 폭발할까? 그래서 승객들이 하늘로 퉁겨져 올라갈까?

　그리고 공중에는 비웃음 소리가 크게 울려 퍼졌다. 풀턴 씨의 친구들조차 신통치 않다는 듯 어깨를 으쓱했다.

　"우리가 뭐랬어!" 군중들이 으스댔다.

　"쉿!" 구경꾼 중 한 사람이 외쳤다. "풀턴 씨가 배 위에 서 있어요."

　"뭐라고 합니까?" 지붕 위에 있던 사람들이 물었다.

　"승객들에게 조금만 참으라고 했어요." 배 근처에 있던 사람이 소리를 쳤다.

　"하! 하!" 군중이 웃음을 터뜨렸다. "참는다고 되나! 굴뚝과 보일러를 떼서 강물 속에 던져버리라구! 그리고 돛을 올려!"

　갑자기 웃음이 딱! 그쳤다. 배는 바람과 반대방향으로 움직였다. 물살도 거슬러 올라갔다. 구경꾼들은 믿을 수가 없었다.

그것은 양옆에 있는 보트와 돛배를 지나갔다. 어떤 배는 놀라서, 마치 겁에 질린 아이가 엄마를 찾아 집으로 가는 듯 강둑을 향해서 갔다. 어떤 선원들은 타고 있던 배에서 물속으로 뛰어들어 해안까지 헤엄쳐 갔다.

"저 배는 마법에 걸렸어!" 지붕에 있는 한 할머니가 비명을 질렀다.

많은 사람들이 클리어먼트가 괴물 같다고 말했다. 그들은 배에서 연기와 불꽃이 올라가는 것을 보고 배가 불에 탄다고 생각했다. 몇몇 사람들은 그 배가 불을 토해내는 괴물이라고 말했다.

"움직인다! 움직인다! 움직인다!"

"클리어먼트, 만세!"

"풀턴, 만세!"

나라를 하나로 묶다

매서 스미스 씨 대장간에 미국 국기가 휘날렸다. 마치 그날이 얼마나 중요한 날인지 아는 것 같았다.

대장간 안에는 마을 사람들로 활기를 띠고 있었다. 랭카스터 주민들이 한꺼번에 몰려드는 것 같았다.

대장장이는 문간에 서서 사람들을 맞아주었다. 그의 손은 떨렸으나, 그것은 그가 나이가 많았을 뿐 아니라, 너무나 흥분했기 때문이다.

그는 새 양복을 입고 있었다. 그의 앞치마는 나무못에 걸려 있었다. 풀무에는 불이 없었다. 소 우리에도 소가 없었다. 말 우리에도 말이 없었다. 대장간은 말끔하게 청소되어 있었고 단정하게 정리되어 있었다.

스위스에서 온 한스 홀쩌도 있었다. 학교 선생님 칼렙 존슨도 있었고, 잡화점 주인 코사트 씨도 있었다. 홀쩌 씨는 작업대 위에 붙어 있는 신문을 읽고 있었다.

그리고 나서 돌아서면서 안경을 닦고 눈물을 닦았다.

그가 행복한 한숨을 쉬었다. "클리어먼트는 운송의 새로운 시대를 열었어요. 이제 240킬로미터를 32시간 만에 갈 수 있게 되었지요. 그러나 그게 전부는 아니에요. 이 신문에는 운하 얘기라고는 없어요. 진짜로 중요한 건 운하인데 말예요."

"그게 무슨 말씀입니까?" 존슨 씨가 물었다.

"밥이 학교에 늦었던 날 기억하십니까? 내가 도랑을 파는 걸 보느라고 말입니다."

존슨 선생이 말을 하려 했으나, 홀쩌 씨가 계속 말했다.

"한 달 전에 밥이 내게 말했지요. 미국은 곧 운하로 하나가 될 거라고 말입니다. 이제 대마와 홉 열매를 운하로 나르게 될 겁니다. 그러면 운하와 증기선으로 전국이 하나가 되지요!"

홀쩌 씨는 흥분해서 작업대를 주먹으로 내리쳤다. "그가 말했어요. '한스, 필라델피아와 이리 호가 운하로 하나가 될 거예요!'"

"말씀 잘하셨어요." 칼렙 존슨이 말했다. "신문에는 중요한 내용이 빠졌지요. 로버트의 스물한 번째 생일 기억하십니까? 그는 자기 생일 잔치를 마다하고 유럽으로 떠나기 전에 그동안 모아놓은 돈으로 어머니를 위해 워싱턴 구역에 농장을 사드렸지요. 여형제들을 위해서도 땅을 사줬어요."

"그가 발명한 그 많은 기계들은 또 어떻고요!" 가장자리에 있던 남자가 말했다. "신문에는 그것에 대해서는 한 마디도 없어요!"

"맞아요!" 사람들이 입을 모아 말했다.

"그는 대마로 실 잣는 기계를 발명했어요."

"밧줄 엮는 기계도 발명했지요. 이제 밧줄 엮는데 시간이 반밖에 안 걸려요!" 다른 사람이 말했다.

"대리석을 자르는 기계야말로 훌륭하지요! 대리석을 부수지도 않고 자를 수가 있게 되었어요." 누군가가 말했다.

"나한테는 그가 고안한 총이 있어요." 한 노인이 말했다. "전쟁 중에 사용했지요. 정말 뛰어난 총이었어요."

"그래요." 홀쩌 씨가 다시 말했다. "운하를 파기 위해 동력을 사용한 삽도 잊으면 안 돼요. 그는 항상 일을 더 빨리, 더 잘하는 방법을 연구했어요."

"잠수함도 발명했잖아요!" 한 노인이 말했다.

이제 자그마한 잡화점 주인, 코싸트 씨가 작업대로 가고 있었다. 그는 자기 차례가 오기만을 기다리고 있었다. 그도 할 말이 있었다.

"제 생각에는!" 그가 높고 찢어지는 목소리로 말했다. "신문 기자는 밥이 화가라는 점을 잊어버렸어요. 영국 왕실 아카데미에 그의 그림이 걸려 있지요. 그는 증기선을 연구하는 동안 그림을 그려서 생계를 유지했어요!"

이제 설교자가 말을 할 차례였다. "여러분도 아시다시피!" 그의 목소리가 쩡쩡 울렸다. "불과 4년 전에 로버트 풀턴은 프랑스의 센 강에서 배를 하나 지었어요. 그런데 무슨 일이 있었는지 아십니까?"

"무슨 일인데요?" 사람들이 물었다.

"어느 날 그 배가 시험 항해를 하려고 물 위에 떠 있었지요. 그때 폭풍이 불었어요. 그러자 그 배가 계란 껍질처럼 두 쪽으로 갈라지더니, 센 강 바닥으로 가라앉아 버렸어요."

"아니, 저런!" 청중들이 한숨을 쉬었다.

"그러나, 형제들이여, 로버트 풀턴이 울었을까요? 아닙니다. 그는 인부들 사이로 갔어요. 그리고 얼음물 속으로

"클리어먼트, 만세!"

뛰어들었지요. 그는 인부들을 격려했어요. 24시간 만에 엔진을 물에서 건졌어요. 그리고 그것으로 두 번째 배를 만들었지요."

"배가 성공을 했어요?" 어린 소년이 물었다.

"그럼. 사람들은 칭찬했지요. 하지만 로버트 풀턴은 그것을 더 개선해야겠다고 생각했어요. 그는 영국의 와트

"풀턴, 만세!"

씨에게 편지를 써서, 증기 엔진을 만들어서 미국으로 보내달라고 했어요. 그리고 여러분이 보시다시피, 그 엔진을 클리어먼트에 장착한 겁니다."

그동안 대장장이는 말없이 듣고만 있었다. 그는 나무못에서 작은 앞치마를 내렸다. 그리고 떨리는 손으로 그것을 들었다. 그리고 사람들을 하나하나 쳐다보았다.

"나는 밥을 사랑해요. 그래서 그의 앞치마를 늘 간직해 왔어요. 그는 이 앞치마가 점점 더 낡아지자 대단히 자랑스럽게 느꼈어요. 많은 사람들이 증기선에 대한 아이디어를 가지고 있었지요. 그러나 그들이 포기한 상황에서도 밥은 포기하지 않고 계속 연구했어요. 소년이었을 때에도 그는 무엇이든 개선할 방법을 궁리했지요. 그는 무슨 일을 하든 끝까지 완성을 했습니다."

대장장이가 껄껄 웃었다. "밥은 무엇인가를 만들지 않으면, 그것도 자기가 원하는 대로 만들지 않으면, 절대 만족을 못 느꼈어요. 그의 머리에 두세 가지 계획이 있을 때면 그는 두세 배로 행복했지요. 때때로 그는 세 가지 계획을 한꺼번에 실행했어요. 한 가지 계획을 끝내기 전에 벌써 다른 계획을 설계도로 그렸지요."

"이 대장간에서 일했던 그 소년이 언젠가 증기선을 만들리라고, 그리고 그 증기선이 우리나라를 하나로 묶어주리라고, 그 누가 상상할 수 있었겠습니까?"

여러분, 기억하나요?

1. 밥은 대장간에서 어머니 생일 선물로 무엇을 만들었나?

2. 그는 왜 학교 첫날 지각을 했나?

3. 벤자민 웨스트는 왜 인디언에게 주머니칼을 주었나?

4. 밥은 어떻게 스스로 연필을 만들게 되었나?

6. 안드레 소령은 누구이며, 소년들에게 무엇을 가르쳐주었나?

7. 밥은 붓을 어떻게 만들었나?

8. 밥이 소년이었을 때 왜 총이 많이 필요했나?

9. 아이들은 왜 7월 4일에 양초를 태울 수 없었나?

10. 밥은 양초 대신 무엇으로 독립기념일을 기념했나?

11. 밥은 어쩌다가 패들 보트의 아이디어를 생각하게 되었나?

12. 풀턴은 어떻게 벤자민 프랭클린을 만났나?

14. 풀턴은 왜 런던에 갔나? 누구에게서 그림을 배웠나?

15. 풀턴이 발명한 세 가지에는 무엇이 있나?

로버트 풀턴이 살던 시절

1765 11월 14일 펜실베니아 랭카스터 카운티에서 태어났다.

1774 아버지가 돌아가셨다. 풀턴은 집에서 읽기 쓰기를 배운 뒤, 퀘이커 학교에 다녔다.

1782 필라델피아로 가서 벤자민 프랭클린을 비롯한 독립혁명의 주요인물들을 만났다.

1786 런던에 가서 벤자민 웨스트에게서 그림을 배웠다.

1794 그림을 그만 두고, 운하 건설 엔지니어가 되었다.

1796 운하를 이용한 항해법 개발에 관한 책을 출판했다.

1800 자기 돈으로 잠수함을 개발했고, 프랑스가 영국과 전쟁에서 그것을 사용했다.

1801 장차 증기선 개발에 동업자가 될 로버트 리빙스턴을 만났다.

1804 런던에 가서 영국 해군을 위해 잠수함을 개발했다.

1806 미국 뉴욕으로 돌아가, 리빙스턴과 합작하여 증기선 개발에 착수했다. 제임스 와트와 불턴이 제조한 증기 엔진을 이용했다.

1807 (풀턴의 실패작이라고 불렸던) 클리어먼트 증기선을 성공적으로 개발했다.

1808 리빙스턴의 조카 해리엣 리빙스턴과 결혼해서 1남 3녀를 두었다.

1811 증기선을 통하여 미국 전체의 강과 바다가 서로 연결되고, 산업 혁명의 토대가 되었다.

1812 이리운하 건설 위원으로 일했다.

1815 폐렴으로 사망했다.

1816 뉴욕시 좌우의 강 사이를 가로지르는 길을 풀턴 스트리트라고 명명했다.

자유이야기 당신은 아는가 자유를 위해 치른 그 고귀한 희생을!
실제있었던 소설 같은 이야기. 중세 몰락의 시발점에서 신세계 발견에 이르기까지, 목숨을 걸고 자유와 진리를 고수하려던 이름없는 사람들의 이야기. 이 책에서 우연히 일어나는 사건이라고는 찾아볼 수 없을 것이다.

마그나 카르타 존왕과 대헌장 이야기
존왕과 귀족들을 중심으로, 십자군 원정의 영웅 사자왕 리차드, 의적 로빈훗과 그 일당. 의역과 악역이 따로 없으며, 승패의 예측을 불허하는 중세유럽의 대서사시. 말로만 듣던 중세 유럽의 봉건제도란 바로 이런 것이었다.

메이플라워호를 타고 온 사람들
양심을 타협하기 거부했던 사람들은 자유를 찾아 방랑하는 도망자가 된다. 온갖 역경 끝에 신세계의 황무지에 정착하자, 질병과 굶주림의 절반의 목숨을 앗아간다. 미국 탄생 속에 숨겨진 가슴 뭉클한 실화.

아메리카 대장정 사상 최초의 북미대륙 횡단기
역사상 최초로 북미대륙을 횡단한 루이스와 클락의 탐험이야기. 한계를 모르고 도전하는 인간의 모험심, 두려움을 거부하는 불굴의 용기, 역경을 정복하는 인간의 의지력. 미국 서부개척정신의 진수를 보여준다.

푸어 리차드-벤자민 프랭클린 이야기
세상에서 가장 많이 읽히는 자서전의 주인공. 정직, 근면, 검약을 신조로 맨손에서 자수성가하는 아메리칸 드림의 원조. 가난한 인쇄공에서 국가 최고 지도자가 되고, 서민의 친구이자 혁명가가 된 양키 중의 양키

참 잘했어요
친척들이 모인 날 티미는 왜 코피가 터졌나? 죄를 우습게 보는 것이 왜 위험한가?

좋은 친구
피터는 또래집단의 압박을 어떻게 극복했나? 진짜로 좋은 이름은? 5달러짜리 야구 글러브보다 더 중요한 것은?

이럴 땐 어떡하죠?
어리석은 농담이 어떤 안 좋은 결과를 가져왔나? 쇼핑몰에 간 티미는 어쩌다가 길을 잃어버렸나?

선교지 이야기 실제 일어난 놀라운 이야기들. 선교사들은 어떻게 위험을 모면했는가? 왜 주님을 위해서 죽음을 선택했는가?